Michael Rohrlich

Ihr Recht als Blogger

Michael Rohrlich

Ihr Recht als Blogger

Juristische Tipps für Blogs, Podcasts und Co.

schnell+kompakt

entwickler.press

Michael Rohrlich
Ihr Recht als Blogger. Juristische Tipps für Blogs, Podcasts und Co.
schnell+kompakt
ISBN: 978-3-86802-160-8

Bibliografische Information Der Deutschen Bibliothek
Die Deutsche Bibliothek verzeichnet diese Publikation in der Deutschen Nationalbibliografie; detaillierte bibliografische Daten sind im Internet über http://dnb.ddb.de abrufbar.

Ihr Kontakt zum Verlag und Lektorat:
Software & Support Media GmbH
entwickler.press
Darmstädter Landstraße 108
60598 Frankfurt am Main
Tel.: +49 (0)69 630089-0
Fax: +49 (0)69 630089-89
lektorat@entwickler-press.de
http://www.entwickler-press.de

Lektorat/Korrektorat: Corinna Neu, Martina Raschke
Copy-Editor: Nicole Bechtel, Corinna Neu
Satz: Dominique Kalbassi
Umschlaggestaltung: Maria Rudi
Belichtung, Druck und Bindung: Media-Print Informationstechnologie GmbH, Paderborn

Inhaltsverzeichnis

Vorwort

„Rock the Blog“ – das war das Motto der Bloggerkonferenz auf der CeBIT 2016. Seit dem Jahr zuvor, also seit 2015, gehören Betreiber von Blogs zur professionellen Zielgruppe der Fachmesse der IT-Branche. Allein dieser Umstand zeigt, dass das weite Feld der Blogs immer stärker an Bedeutung gewinnt. Mit dem Schlagwort „Web 2.0“ wurden unterschiedliche Arten von interaktiven Elementen des Mediums Internet bezeichnet, wie beispielsweise die Kommentarfunktion für Besucher einer Website. Über diesen Punkt sind die neuen Technologien im World Wide Web schon längst hinaus. So gibt es inzwischen ganz verschiedene Ausprägungen der „digitalen Meinungsäußerung“; zudem sind die Nutzer nicht länger auf ein bestimmtes Endgerät beschränkt. Aktualisierungen der eigenen oder der Kommentare auf einer fremden Website können heutzutage gleichermaßen am Rechner, per Tablet oder auch mit nur einem Finger auf dem Smartphone ausgeführt werden. Die aktive Teilnahme an den sozialen Medien funktioniert ohnehin jederzeit und kinderleicht.

Egal, ob klassischer Blog mittels WordPress, Joomla! o. Ä., Profile bei Facebook, Twitter und anderen sozialen Netzwerken, Podcasts oder Videoblogs – all diese Onlinepräsenzen müssen die für sie geltenden Vorgaben des Gesetzgebers beachten. Und ungeachtet der vielen technischen Unterschiede gibt es doch einige Gemeinsamkeiten hinsichtlich des juristischen Rahmens.

Das fängt an beim Impressum, führt über die Datenschutzerklärung, die Inhalte und eventuell eingebundene Werbung bis hin zu Fragen der Haftung auf zivil- und strafrechtlichem Gebiet. Aber auch dann, wenn man sich vom eigenen Onlineauftritt löst und sich aktiv an potenzielle Nutzer wendet, gilt es einiges zu beachten. Fragen zu den Voraussetzungen des Mailmarketings sind ebenso zu klären, wie solche der Suchmaschinenoptimierung bzw. -werbung. Und weil Texte, Bilder bzw. Grafiken oder auch Videos, also der eigentliche Content, in Blogs, Podcasts und insbesondere in den sozialen Medien eine ganz entscheidende Rolle spielen, dürfen natürlich auch das Urheberrecht sowie das Recht am eigenen Bild nicht fehlen.

Abgerundet wird das Grundlagenwissen in gewohnter Weise mit vielerlei Praxistipps, Formulierungsmustern und Checklisten, die den Bloggeralltag erleichtern und sicherer gestalten sollen.

Dieser Ratgeber wendet sich ausdrücklich an juristische Laien. Es wird zwar ein wenig technisches, aber kein juristisches Fachwissen vorausgesetzt. Daher wurde so weit wie möglich auf die Verwendung von Zitaten aus Gesetzen oder Gerichtsentscheidungen verzichtet. Bei einem Buch solchen Inhalts ist es aber nun einmal leider nicht vollständig zu vermeiden, dass an der ein oder anderen Stelle auf einen Paragrafen oder auf ein Urteil verwiesen wird. Diese Verweise wurden jedoch auf ein „erträgliches" Mindestmaß reduziert.

Die Ausführungen in diesem Ratgeber sind allgemeiner Natur und können selbstverständlich keine individuelle Rechtsberatung ersetzen. Sie haben nicht den Anspruch, konkrete Rechtsfragen abschließend, allumfassend und verbindlich zu klären. Erklärtes Ziel dieses Ratgebers ist die Vermittlung von Grundlagenwissen, um den Bloggeralltag in juristischer Hinsicht einfacher und sicherer zu gestalten. In Zweifelsfällen sollte jedoch nicht gezögert werden, fachlichen Rat in Anspruch zu nehmen.

Rechtsanwalt Michael Rohrlich
www.ra-rohrlich.de

Würselen, im April 2016

KAPITEL 1

Überblick

Bereits seit Anfang der 1960er-Jahre gibt es Systeme zur Übertragung von Nachrichten zwischen zwei Computern, die erste „richtige" E-Mail wurde in Deutschland am 3. August 1981 verschickt. Die erste Internetseite ging 1991 online – und ist auch noch heute abrufbar (*http://info.cern.ch/hypertext/WWW/TheProject.html*). Am 21. März 2016 hat der Kurznachrichtendienst Twitter seinen 10. Geburtstag gefeiert, der Startschuss für den Marktführer unter den sozialen Netzwerken, Facebook, erfolgte bereits am 4. Februar 2004.

Seitdem hat sich viel getan; mit schöner Regelmäßigkeit kommen neue Techniken, neue Internetauftritte, neue Nutzer hinzu. Insbesondere durch die Möglichkeit, Internetseiten nicht nur zu konsumieren, sondern sie aktiv mit zu gestalten, hat das World Wide Web einen weiteren Schub erhalten und abermals an Bedeutung gewonnen. Bisweilen mag der Eindruck entstehen, dass zahlreiche Onlineangebote bestenfalls verrückte Spielereien oder gar vollkommen überflüssig seien. Allerdings öffnet die dezentrale Vernetzung von Rechnern überall auf der Welt auch ernsthaften und sinnvollen Anwendungsmöglichkeiten Tür und Tor. Moderne Bestrebungen, wie beispielsweise das „Internet der Dinge", „Industrie 4.0" oder auch „Big Data", belegen dies eindrücklich.

Mitte der 1990er-Jahre tauchten die ersten Weblogseiten auf, damals zumeist in Form von Onlinetagebüchern privater Natur. Die

Onlineenzyklopädie Wikipedia definiert einen Weblog (oder kurz: Blog) wie folgt:

„Das oder auch der Blog oder auch Weblog (Wortkreuzung aus engl. Web und Log für Logbuch) ist ein auf einer Website geführtes und damit meist öffentlich einsehbares Tagebuch oder Journal, in dem mindestens eine Person, der Blogger, international auch Weblogger genannt, Aufzeichnungen führt, Sachverhalte protokolliert (postet) oder Gedanken niederschreibt.“

(Quelle: Wikipedia, *https://de.wikipedia.org/wiki/Blog*, 18.03.2016)

In vielen Fällen besteht ein Blog aus einer chronologisch sortierten Auflistung von Einträgen. Dabei ist die inhaltliche Ausrichtung sehr verschieden, sodass sich die einzelnen Beiträge alle auf ein oder aber auch auf ganz unterschiedliche Themen beziehen können. Die Anfertigung eines Blogs, also das Verfassen und Veröffentlichen von Blogbeiträgen, wird als Bloggen und der Verfasser folglich als Blogger bezeichnet.

Neben Einzelblogs gibt es auch so genannte Onlineaggregatoren. Sie dienen als Zugang bzw. Einstieg zu einer Vielzahl von Blogs, entweder einer festgelegten Sprache (z. B. Rivva als Zugang zu deutschsprachigen Blogs) oder eines bestimmten Themas (z. B. jurablogs.com für juristische Angebote). Aber auch solche Metablogs lassen sich noch einmal zusammenfassen und kategorisieren, wie es etwa in Blogverzeichnissen (z. B. *www.bloggerei.de*) realisiert wird.

1.1 Die verschiedenen Formen des Bloggens

Nun gibt es aber nicht nur Blogs, um sich im World Wide Web mitzuteilen. Insbesondere die sozialen Medien, wie Facebook, Twitter, WhatsApp etc., bieten simpel zu bedienende und zudem auch noch kostenfreie Plattformen für jedermann. Aber auch diejenigen, die nicht so gerne schreiben, sondern sich lieber mit Sprache und Bildern ausdrücken, finden die für sie passenden Plattformen. Ein eigener Videokanal bei YouTube & Co. ist ebenso schnell und einfach eingerichtet, wie ein Account bei Instagram. Ein eigener Podcast verlangt zwar ein bisschen mehr Engagement, stellt letztlich aber auch kein wirkliches Problem mehr dar.

Weblog/Blog

Obwohl die ersten Blogs bereits ab Mitte der 1990er-Jahre aufkamen, sind sie auch heute über zwanzig Jahre später nicht aus der Medienlandschaft wegzudenken. Egal, ob privates Onlinetagebuch, Berichterstattung zu einem spezifischen Thema oder Kommentierung zu verschiedenen Alltagsmeldungen – alles ist vertreten.

Die charakteristischen Merkmale eines „typischen" Blogs sind insbesondere die folgenden:

- **Beiträge**: Die einzelnen Blogbeiträge werden auch als Posting, oder kurz: Post, bezeichnet. Sie bilden den eigentlichen Inhalt (engl.: content), also letztlich die Hauptbestandteile eines Blogs. Typischerweise werden sie umgekehrt chronologisch aufgelistet, damit sich die aktuellen Einträge stets oben auf der Website befinden. Die älteren Beiträge werden darunter aufgelistet, teilweise der besseren Übersicht halber auch auf separaten Archivseiten.
- **Themenbereiche**: In aller Regel ist ein Blog in verschiedene Themenbereiche unterteilt, in die wiederum die einzelnen Posts entsprechend einsortiert werden. Die Gesamtheit aller Posts zu einem bestimmten Thema wird als Thread bezeichnet.
- **Kommentarfunktion**: Blogs sind keine Einbahnstraße, den Besuchern wird es daher oftmals ermöglicht, eigene Kommentare zu einzelnen Postings zu hinterlassen. Die technische Umsetzung hierfür variiert durchaus, denn in manchen Fällen können nur registrierte Nutzer Kommentare und bisweilen auch nur nach Freischaltung durch den Blogbetreiber hinterlassen. In an-

deren Fällen wiederum gibt es keinerlei Einschränkung, sodass auch unregistrierte „Gäste" mitwirken können bzw. jeder Kommentar ohne vorherige Prüfung veröffentlicht wird.

- **Trackback**: Die Trackback oder auch Pingback genannte Funktion ermöglicht die automatisierte Verweisung von einem Blog auf den anderen (sofern Trackback unterstützt wird). Bei einer Verlinkung innerhalb eines Blogposts auf ein anderes Posting im selben oder einem anderen Blog, wird dies dort – ähnlich wie ein Kommentar – unter dem verlinkten Beitrag angezeigt. Dadurch werden der Verfasser und auch die Leser des verlinkten Postings über die Verlinkung in Kenntnis gesetzt, sodass letztlich für alle Beteiligten ein Mehrwert entsteht.
- **Webfeed**: Bei einem so genannten Webfeed, wie z. B. der RSS-Funktion, müssen interessierte Nutzer einer Website diese nicht regelmäßig ansteuern und sich dort durch die eventuell vorhandenen Neuigkeiten klicken. Sie können sich die News sozusagen per Web- bzw. RSS-Feed ganz bequem an ein speziell dafür vorgesehenes Programm (Feedreader), Outlook oder auch den Browser „liefern" lassen. Wird auf der Website ein neuer Beitrag online gestellt, so erfährt der Nutzer das durch einen entsprechenden Eintrag im Feed. Er kann sich die Einträge wie in einem Inhaltsverzeichnis anschauen und dann entscheiden, die dort direkt verlinkten Einträge gezielt anzusteuern.
- **Permalinks**: Zur besseren Verlinkung bzw. zwecks besserer Übersicht und letztlich auch für eine optimale Auffindbarkeit durch Suchmaschinen nutzen viele Blogs eindeutige, sich nicht verändernde, also permanente Internetadressen. Will man einen bestimmten Einzelbeitrag in einem Blog gezielt ansteuern, so kann dies schnell und sicher über einen so genannten Permalink geschehen.
- **Schlagworte**: Vielfach werden die Begriffe, die besonders häufig in den Postings eines Blogs auftauchen, auf der Startseite in Form einer Wolke dargestellt. Hierbei erscheinen die

Begriffe, gemessen an der Häufigkeit ihrer Verwendung, mehr oder weniger groß dargestellt. So entstehen regelrechte Schlagwortwolken, die so genannten Tag Clouds. Durch sie werden die Schwerpunkte des Blogs durch Gewichtung der jeweiligen Schlagworte visualisiert.

- **Blogroll**: Oftmals verweisen Blogbetreiber auf andere Blogs, entweder aus der eigenen oder aus fremder Feder. Diese Sammlung von Bloglinks wird als Blogroll bezeichnet. Ähnlich wie die Schlagwortwolke wird auch die Blogroll so platziert, dass sie jedem Besucher des eigenen Blogs sofort ins Auge sticht.

Diese Auflistung ist weder abschließender noch zwingender Natur. Will heißen: Ein Blog definiert sich nicht nur über die aufgezählten Punkte, auch ohne sie kann eine Website ein Blog sein. Auch sind nicht immer alle oder mehrere, sondern manchmal auch nur ein oder zwei dieser Merkmale vorhanden.

Um einen eigenen Blog in die Tat umzusetzen, bedarf es heutzutage keiner tiefgreifenden Programmierkenntnisse mehr. Viele Hostingdienstleister, wie beispielsweise Strato, 1&1 oder Host Europe, bieten inzwischen eigene Tarife für Blogs an. Es gibt zudem auch spezielle Blogplattformen, wie Tumblr.com oder auch Blogger.com von Google. Verschiedene Content-Management-Systeme (CMS), nicht zuletzt etwa WordPress oder Joomla!, erleichtern die Einrichtung und die tägliche Pflege von Weblogs.

Videoblog/Vlog

Die Abkürzung „Vlog“ setzt sich aus den Begriffen Video und Blog zusammen. Darunter ist ein Blog zu verstehen, der nicht aus Textbeiträgen, sondern aus einzelnen Videos besteht. Möglich ist natürlich auch eine Kombination aus Video- und Textbeiträgen.

Einen solchen Vlog, auch als Videocast bezeichnet, kann man letztlich über eine „normale“ Blogsoftware, wie z. B. WordPress, realisieren, indem man darin keine Texte, sondern eben Videos online stellt. Das wäre aber sozusagen „von hinten durch die Brust ins Auge“, spezielle Vlog-Plattformen bieten sich hier eher an. Der wohl bekannteste Vertreter dürfte Googles YouTube sein. Kamera und Mikrofon besorgt, Aufnahme gestartet und gegebenenfalls nachbearbeitet, den Account für einen YouTube-Kanal eingerichtet, Video hochgeladen – und fertig ist der eigene Vlog.

Bei dieser Blogvariante sind allerdings sowohl Fachkenntnisse als auch spezielle Hard- und Software erforderlich. Auch wenn es Computerheadsets und -webcams inzwischen schon für kleines Geld gibt und man sogar mit dem Smartphone passable Aufnahmen hinbekommt, ist es damit alleine noch nicht getan. Um einen erfolgreichen Vlog zu betreiben, ist es ratsam, eine gewisse Professionalität an den Tag zu legen. Das bedeutet, dass das Hardwareequipment auch ruhig etwas teurer sein darf und die Aufnahmen vor dem Hochladen einer Bearbeitung unterzogen werden sollten. Hierfür ist wiederum Aufnahme- bzw. Videobearbeitungssoftware notwendig, die mal mehr, mal weniger kostet, bisweilen sogar kostenlos erhältlich ist.

Heutzutage vloggen zahlreiche Prominente, unter anderem auch die Bundeskanzlerin. Ebenso gibt es zahlreiche Videocasts von TV-Sendungen. Letztlich sind die Mediatheken der Fernsehsender auch nichts anderes als Vlogs, denn hier gibt es nicht nur Aufzeichnungen von bereits ausgestrahlten Sendungen, sondern teilweise auch exklusives Material.

Podcast

Ein Podcast ist wie ein Vlog, nur ohne Bilder – so könnte man diese Form des Bloggens umschreiben. Auch der Betrieb eines Podcasts dürfte niemanden vor wirklich große Herausforderungen stellen. Aber auch hier, ähnlich wie beim Vlog, muss mehr vorhanden sein, als „nur“ ein Computer. Während sich textliche Inhalte eines Blogs mittlerweile sogar per Smartphone oder Tablet online stellen bzw. bearbeiten lassen, muss ein Podcastbeitrag gut vorbereitet sein. Er muss mit der passenden Software aufgenommen, in aller Regel nachbearbeitet, in ein für die Onlineübertragung sinnvolles Dateiformat (z. B. MP3) gebracht und ins Internet hochgeladen werden.

Podcasts dienen beispielsweise etablierten Fernsehformaten, wie etwa der Tagesschau, als ergänzender Übertragungskanal. Aber auch zahlreiche Radiosender bieten einzelne „Themenhappen" als Podcast an, beispielsweise Comedy-, Info- oder Nachrichtenbeiträge. Analog zu den Übersichtsseiten mit thematisch sortierten Blogs gibt es auch gesonderte Podcastplattformen (z. B. *www.podcast.de*).

Fotoblog

Sind Podcasts Vlogs ohne Bilder, so lassen sich Fotoblogs als Vlogs ohne Ton umschreiben – grob jedenfalls. Denn hierbei geht es nicht um bewegte Bilder, sondern um reine Fotografien. Angesichts der Tatsache, dass heute jeder ein Smartphone ständig dabei und damit auch eine Kamera verfügbar hat, sind Fotoblogs extrem simpel zu bedienen und mit Inhalt zu füllen. Bestes Beispiel und wohl bekanntester Vertreter: Instagram, seit 2012 ein Facebook-Tochterunternehmen. Hierbei steht wohl die App-Funktionalität im Vordergrund, allerdings kann natürlich auch die Instagram-Website genutzt werden. Im Unterschied dazu gab es etwa Flickr oder Photobucket zuerst als reine WWW-Angebote, erst danach folgten die dazu passenden Apps.

Oftmals sind Fotoblogs bzw. Fotoblog-Apps nicht auf das Erstellen, Bearbeiten, Posten und Teilen von Fotos beschränkt, vielfach können auch Videos integriert werden.

Social Media

Die sozialen Medien, insbesondere die bekanntesten und beliebtesten Vertreter, nämlich

- Facebook,
- Twitter,
- XING,
- LinkedIn,
- Google+ oder auch
- WhatsApp,

können mit Fug und Recht als moderne Form von Blogs angesehen werden. Auch hierbei geht es im Kern um die Verbreitung von chronologisch sortierten Beiträgen im Internet.

Im Unterschied zu „klassischen" Blogs ist hier allerdings die Schlagzahl deutlich erhöht, sodass die Verbreitungsgeschwindigkeit der einzelnen Beiträge enorm hoch ist. Ein Beitrag, und sei es auch „nur" ein kurzer Tweet, kann in kürzester Zeit um die Welt gehen. Möglich wird dies durch die Konzeption der sozialen Medien, deren Nutzung kostenfrei und in hohem Maße anwenderfreundlich ist. Ein einfacher Mausklick, eine kurze Berührung des Smartphones – und schon ist ein Inhalt gepostet, geshared oder geliked.

Hinzu kommt, dass man sich in seinem Profil nicht auf eine bestimmte Inhaltsart festlegen muss. Der technische Rahmen ist so eingerichtet, dass jegliche multimedialen Inhalte verarbeitet werden können. So stellt die Verbreitung von Musikstücken, Fotos oder Videos genauso wenig ein Problem dar, wie die einfacher Textnachrichten. Eine Kombination, z. B. von Foto und Text, ist natürlich auch möglich.

1.2 Der juristische Rahmen

Unter dem Strich lässt sich feststellen, dass heutzutage jeder mit den modernen Hilfsmitteln einen eigenen Blog, Vlog, Podcast oder Profile in den sozialen Medien anlegen und pflegen kann. Zumal auch ständig neue Techniken hinzukommen und weitere

Dienstleister auf dem Markt erscheinen, die ein breites Angebot, einen großen Konkurrenzkampf und damit primär einen großen Vorteil – nämlich die Vielfalt an unterschiedlichen Möglichkeiten – für den Anwender bieten. Aber wie sieht es mit der juristischen Seite aus? Jeder Blog, egal welcher inhaltlichen oder technischen Ausrichtung, sollte bestimmte Aspekte berücksichtigen:

- **Name/Bezeichnung** (Namens-, Marken-, Wettbewerbs- und Domainrecht)
- **Inhalte** (Urheberrecht, Recht am eigenen Bild)
- **Anbieterkennzeichnung** (Impressum)
- **Datenschutz** (Datenschutzerklärung, Einbindung von Social Plug-ins, Einsatz von Cookies, Nutzung von Analysesoftware, Nutzer-Log-in bzw. -Kommentarfunktion)
- **Haftung** (Inhalte/Links)
- **Wettbewerbsrecht** (bei Bewerbung von Waren bzw. Dienstleistungen)
- Gegebenenfalls **Jugendschutz** (Altersverifikation)
- **Marketing** (E-Mail-Werbung/Newsletter, SEO/SEM/SEA-Maßnahmen, AdWords)
- Besonderheiten bei **Social-Media-Profilen**
- Gegebenenfalls **Markenrecht** (Schutz eigener bzw. Nutzung fremder Marken)

Die für jeden Blog wichtigen Punkte dieser Aufzählung finden nachfolgend in den einzelnen Kapiteln Berücksichtigung. Dort werden die jeweiligen Grundlagen näher beleuchtet, die wichtigsten Aspekte in Form von Checklisten kurz und prägnant dargestellt, Lösungen für Praxisprobleme präsentiert und Formulierungsbeispiele gegeben.

KAPITEL 2

Wie finde ich den passenden Domainnamen?

Manche müssen über den Namen für ihr Webprojekt gar nicht lange nachdenken, andere wiederum feilen stunden- und tagelang an einer passenden Bezeichnung. Wiederum andere gehen davon aus, dass ihre gesamte Webpräsenz mit dem Namen steht und fällt. Wie schwer oder wie einfach man sich die Namensfindung auch macht – es gibt hierbei zahlreiche Dinge zu beachten. Denn der Name muss letztlich

- zum Betreiber,
- zum Inhalt,
- zur Zielgruppe,
- gegebenenfalls zur wirtschaftlichen Ausrichtung sowie
- zum angestrebten Zweck

des Blogs passen.

Hat man erst einmal eine gute Idee, will man natürlich auch so schnell wie möglich zur Tat schreiten, sprich: die entsprechende Domain registrieren. Es ist allerdings besser, wenn man vorher noch ein paar Überlegungen zum juristischen Hintergrund anstellt und im Zweifelsfall sogar Rechtsrat einholt.

2.1 Grundlagen des Domainrechts

Aus der Sicht von Bloggern – und im Prinzip auch von allen anderen Websitebetreibern – lassen sich in puncto Domainnamen zwei große Bereiche unterscheiden: der technische und der juristische Part. Da die Technik als gegeben hingenommen werden muss, kann das Rechtssystem letztlich „nur" darauf reagieren, indem es seine Spielregeln für das World Wide Web so gut wie möglich anpasst. Weil das Medium Internet jedoch keine geografischen Grenzen kennt, ist die Lösung von juristischen Problemen in einzelnen Ländern nicht immer trivial.

Aber – eines nach dem anderen. Zu allererst muss der Blick auf den grundsätzlichen Aufbau einer Domain gelenkt werden. Denn wenn man den Unterschied zwischen einer Top-Level-Domain und einer Second-Level-Domain nicht kennt, kann man auch die daran anknüpfenden juristischen Probleme nicht verstehen.

Technische Grundlagen

Eine Domain kann als Adresse eines Computers, nämlich des Servers, angesehen werden. Sie wird auch als „Uniform Resource Locator", kurz: URL, bezeichnet. Damit alle Anfragen z. B. für die Internetseite des Autors (*www.ra-rohrlich.de*) auch tatsächlich beim richtigen Server und dort im richtigen Verzeichnis landen, gibt es die so genannte IP-Adresse. Diese besteht aus vier Ziffernblöcken, die jeweils durch Punkte getrennt sind (z. B. „37.157.252.24"). IP-Adressen sind eindeutig einem Internetanschluss bzw. einem Server zugeordnet. Um die Eingabe etwa im Browser zu erleichtern, werden die IP-Adressen mithilfe der so genannten Domain-Name-System-Server (DNS-Server) in einfache, leichter zu merkende Bezeichnungen übersetzt. Um zu einer Internetseite zu gelangen, muss also nicht die komplizierte IP-Adresse eingetippt werden, es reicht die Eingabe der entsprechenden Domain. Allerdings führt beides gleichermaßen zum Ziel.

Domains sind prinzipiell wie folgt aufgebaut: *http://www.ra-rohrlich.de*, allerdings ist auch die Kurzform möglich, sodass *ra-rohrlich.de* gleichermaßen zum Ziel führt, wenn man es in die Browseradresszeile eingibt.

Die einzelnen Bestandteile werden dabei jeweils durch Punkte voneinander getrennt:

- **http**: Abkürzung für das Hypertext Transfer Protocol (Technik zur Darstellung von Internetseiten auf Computern)
- ://: Trennzeichen
- **www**: Bezeichnung des Webservers, z.B. „www" für World Wide Web (Third-Level-Domain)
- **ra-rohrlich**: eigentlicher Domainname (Second-Level-Domain)
- **de**: Domainendung (Top-Level-Domain)

Aus juristischem Blickwinkel bestehen die meisten Probleme bei der Second-Level-Domain, also beim eigentlichen Domainnamen. Aber auch die Top-Level-Domain kann mitunter problematisch werden.

Profilnamen in den sozialen Medien haben natürlich einen ganz anderen technischen Unterbau, sodass sich viele Problemkreise von Domainnamen erst gar nicht ergeben. Allerdings gibt es auch bei Facebook & Co. gewisse Spielregeln, beispielsweise besteht beim Branchenprimus ein Klarnamenzwang. Social-Media-Auftritte unter erfundenen Namen sind, mit Ausnahme von offiziellen Künstlernamen bzw. Pseudonymen, folglich unzulässig.

Juristische Grundlagen

Heutzutage ist eine Domain mehr als nur ein Name für eine Website, sie ist darüber hinaus ein Wirtschaftsgut. Je nach Qualität der Domain kann diese einen respektablen Wert erreichen.

In aller Regel geht es bei Domainstreitigkeiten letztlich um Streitigkeiten im Bereich des Namens- oder Markenrechts. Aber auch das Wettbewerbsrecht spielt eine nicht ganz unwichtige Rolle. Während rein private Blogs weder das Marken- noch das Wettbewerbsrecht beachten müssen, gilt auch für sie das Namensrecht.

Im Domainrecht gilt der so genannte Prioritätsgrundsatz („first come, first served"). Fazit: Wer zuerst kommt, mahlt zuerst. Wie alle Grundsätze hat auch dieser Ausnahmen. In manchen Fällen hat der „Verlierer" des Rennens um eine Domain nämlich die deutlich bessere Rechtsposition. Dies hat der Bundesgerichtshof (BGH) in seinem fast schon berühmten „shell.de"-Urteil festgelegt. Denn nach Auffassung der BGH-Richter kommt es neben dem Prioritätsgrundsatz auch auf etwaige Namens- oder Markenrechte sowie auf die Erwartung potenzieller Websitebesucher an. Beim Ansteuern der Internetseite *www.shell.de* erwarte die überwiegende Mehrzahl der Besucher den Auftritt des internationalen Großkonzerns Shell und nicht „irgendeine" Privatperson dieses Namens vorzufinden. Bei dem BGH-Urteil handelt es sich jedoch um eine ganz klare Ausnahmeentscheidung, Vorrang hat regelmäßig das Prinzip „first come, first served".

2.2 Namensrecht

Das Namensrecht, das in § 12 des Bürgerlichen Gesetzbuchs (BGB) normiert ist, entsteht mit der Geburt eines Menschen bzw. mit Namensänderung im Rahmen einer Heirat. Auch das Recht an einem Künstlernamen bzw. Pseudonym ist von § 12 BGB umfasst, dieses entsteht jedoch erst mit Aufnahme der Benutzung. Namensschutz an der Bezeichnung juristischer Personen (die so genannte „Firma", also der Unternehmensname) entsteht mit dem Beginn des rechtmäßigen Gebrauchs der Firma im Geschäftsverkehr. Ist ein Begriff sowohl namens- als auch markenrechtlich geschützt, so genießt das Markenrecht Vorrang. In Bezug auf Domainnamen kommt daher Marken eine höhere Bedeutung zu. Aber auch Privatpersonen stehen nicht gänzlich schutzlos dar, da bei ihnen das Namensrecht zur Anwendung kommt. Nach § 12 BGB sind sowohl Namen juristischer Personen als auch natürlicher Personen sowie auch solche von Städten, Gemeinden, Bundesländern etc. umfasst.

Übrigens: Die Wirkung des Namensrechts ist keine „Einbahnstraße". So kann sich also z. B. aus dem Namensrecht gemäß § 12 BGB ein Anspruch auf einen Domainnamen ergeben. Andererseits kann die Nutzung einer Domain zum Nutzungsrecht des bestimmten Namens führen.

Eine unzulässige Namensanmaßung liegt dann vor, wenn sich z. B. Herr Frank Schmitz die Domain „ramon-reichstein.de" sichern würde. Zusätzlich wird jedoch das Vorliegen einer so genannten Zuordnungsverwirrung gefordert. Bei der Registrierung eines fremden Namens als Domain kann dies jedoch in aller Regel angenommen werden. Bereits durch die Registrierung einer Domain kann die Verletzung fremder Namensrechte begangen werden; es kommt insoweit nicht erst auf den Zeitpunkt der tatsächlichen Domainnutzung an.

Streiten sich zwei gleichnamige Personen um eine Domain, die ihnen generell beiden zustehen würde, findet eine doppelte Anwendung des Prioritätsgrundsatzes statt:

- Prüfung, wer die **älteren Rechte** an dem Namen hat
- Prüfung, wer zuerst die **Registrierung der Domain** vorgenommen hat

Und ganz ausnahmsweise kann auch noch die Besuchererwartung herangezogen werden, wie es der BGH in seiner „shell.de"-Entscheidung getan hat.

Die möglichen Ansprüche aus § 12 BGB sind insbesondere

- Unterlassung,
- Beseitigung oder auch
- Schadensersatz.

Ein direkter Anspruch auf Übertragung einer Domain besteht hingegen nicht. Dies liegt u. a. daran, dass an der Übertragung notwendigerweise ein Dritter, nämlich die zuständige Domainverwaltungsstelle, mitwirken muss. Im Falle eines Rechtsstreits sollte daher frühzeitig über einen DISPUTE-Antrag nachgedacht werden. Mit dessen Hilfe sichert man die betreffende Domain bis zum Abschluss des Rechtsstreits vor der Vergabe an Dritte.

2.3 Markenrecht

Es sei vorab angemerkt, dass das Markenrecht nur im geschäftlichen Umfeld greift, sodass Privatpersonen die Vorschriften des Markengesetzes (MarkenG) nicht beachten müssen.

Aber wie entsteht nun so eine Marke? Im Unterschied zum Urheberrecht entsteht sie regelmäßig nicht kraft Gesetzes (nur in bestimmten Ausnahmefällen), sondern durch Eintragung in das Markenregister. Es muss also zunächst einmal ein Antrag bei der zuständigen Behörde gestellt werden. Dazu ist ein entsprechendes Formular auszufüllen und ein Klassenverzeichnis zu erstellen. Beides muss z. B. für deutsche Marken beim Deutschen Patent- und Markenamt (DPMA) eingereicht werden. Im Klassenverzeichnis wird festgelegt, für welche Bereiche, also für welche Arten von Waren oder Dienstleistungen (die so genannten Klassen), die Marke angemeldet werden soll. Für die Anmeldung fallen Gebühren an, die ebenfalls beim DPMA zu entrichten sind.

Außerdem müssen natürlich auch noch die materiellen Voraussetzungen einer wirksamen Markeneintragung gegeben sein. Das bedeutet, dass weder absolute noch relative Eintragungshindernisse vorliegen dürfen. Die erstgenannten, also die absoluten Hindernisse, prüft die zuständige Behörde von Amts wegen. Nach Maßgabe des § 8 MarkenG sind solche Marken von der Eintragung ausgeschlossen,

- die sich nicht **grafisch darstellen** lassen,
- denen für die Waren oder Dienstleistungen jegliche **Unterscheidungskraft** fehlt,

- die ausschließlich aus Zeichen oder Angaben bestehen, die im Verkehr zur **Bezeichnung der Art, der Beschaffenheit, der Menge, der Bestimmung, des Werts, der geografischen Herkunft, der Zeit der Herstellung der Waren oder der Erbringung der Dienstleistungen** oder zur Bezeichnung sonstiger Merkmale der Waren oder Dienstleistungen dienen können,
- die ausschließlich aus Zeichen oder Angaben bestehen, die im allgemeinen Sprachgebrauch oder in den redlichen und ständigen Verkehrsgepflogenheiten zur **Bezeichnung der Waren oder Dienstleistungen üblich** geworden sind,
- die geeignet sind, das Publikum insbesondere über die Art, die Beschaffenheit oder die geographische Herkunft der Waren oder Dienstleistungen zu **täuschen**,
- die gegen die **öffentliche Ordnung** oder die **guten Sitten** verstoßen,
- die **Staatswappen, Staatsflaggen oder andere staatliche Hoheitszeichen** oder Wappen eines inländischen Ortes oder eines inländischen Gemeinde- oder weiteren Kommunalverbandes enthalten,
- die **amtliche Prüf- oder Gewährzeichen** enthalten, die nach einer Bekanntmachung des Bundesministeriums der Justiz im Bundesgesetzblatt von der Eintragung als Marke ausgeschlossen sind,
- die **Wappen, Flaggen oder andere Kennzeichen, Siegel** oder Bezeichnungen internationaler zwischenstaatlicher Organisationen enthalten, die nach einer Bekanntmachung des Bundesministeriums der Justiz im Bundesgesetzblatt von der Eintragung als Marke ausgeschlossen sind,
- deren Benutzung ersichtlich nach sonstigen Vorschriften im **öffentlichen Interesse** untersagt werden kann, oder
- die **bösgläubig** angemeldet worden sind.

Liegt nur einer der aufgezählten Punkte vor, weist die Behörde den Antrag auf Eintragung der Marke ab.

Bei Vorliegen etwaiger relativer Eintragungshindernisse kann eine bereits beantragte oder eingetragene Marke wieder gelöscht werden. Die Prüfung der relativen Eintragungshindernisse erfolgt nur auf Antrag. Gemäß § 9 MarkenG kann die Eintragung einer Marke gelöscht werden,

- wenn sie mit einer angemeldeten oder eingetragenen **Marke** mit älterem Zeitrang **identisch** ist und die Waren oder Dienstleistungen, für die sie eingetragen worden ist, mit den **Waren oder Dienstleistungen identisch** sind, für die die Marke mit älterem Zeitrang angemeldet oder eingetragen worden ist,
- wenn wegen ihrer **Identität oder Ähnlichkeit** mit einer angemeldeten oder eingetragenen Marke mit älterem Zeitrang und der Identität oder der Ähnlichkeit der durch die beiden Marken erfassten Waren oder Dienstleistungen für das Publikum die **Gefahr von Verwechslungen** besteht, einschließlich der Gefahr, dass die Marken gedanklich miteinander in Verbindung gebracht werden, oder
- wenn sie mit einer angemeldeten oder eingetragenen Marke mit älterem Zeitrang identisch oder dieser ähnlich ist und für Waren oder Dienstleistungen eingetragen worden ist, die nicht denen ähnlich sind, für die die Marke mit älterem Zeitrang angemeldet oder eingetragen worden ist, falls es sich bei der Marke mit älterem Zeitrang um eine im Inland bekannte Marke handelt und die Benutzung der eingetragenen Marke die **Unterscheidungskraft** oder die Wertschätzung der bekannten Marke ohne rechtfertigenden Grund in unlauterer Weise ausnutzen oder beeinträchtigen würde.

Praktisch bedeutsam sind die Fälle, in denen es zur Markenanmeldung für solche Zeichen kommt, denen jegliche Unterscheidungskraft fehlt oder die rein beschreibend sind (so genannte Gattungszeichen).

Ein Anspruch des Markeninhabers auf eine gleich bzw. ähnlich lautende Domain wurde von deutschen Gerichten für die Begriffe „fliesen24“, „wachs“ und „test24“ abgelehnt. Denn ein entsprechendes Freihaltebedürfnis, wie es im Markenrecht besteht, gibt es im Domainrecht nicht. Ebenso hat etwa der Inhaber einer bestimmten DE-Domain nicht automatisch einen Anspruch auf Nutzung der gleichlautenden EU- oder einer anderen Top-Level-Domain.

Um eine Markenrechtsverletzung und die sich daraus ergebenden Ansprüche des Berechtigten bejahen zu können, muss auch eine Verwechslungsgefahr vorliegen. Anhand von bestehenden Marken ist zu prüfen, ob die umstrittene Domain in Bezug auf den konkreten Begriff oder auf die Bereiche der Waren bzw. Dienstleistungen verwechselbar ähnlich ist. Als Kriterien werden eine

- klangliche,
- schriftbildliche oder auch
- begriffliche

Ähnlichkeit herangezogen. Dabei muss nicht zwingend eine voll umfängliche Gleichheit vorliegen, das Bestehen einer Verwechslungsgefahr reicht insoweit aus. Allerdings wird hier nur die Second-Level-Domain betrachtet, die Top-Level-Domain bleibt außen vor.

Es kann auch dann eine Verwechslungsgefahr vorliegen, wenn ein markenrechtlich geschütztes Zeichen im Rahmen eines Domainnamens mit einem rein beschreibenden Bestandteil kombiniert wird (z. B. *www.peugeot-tuning.de*).

2.4 Wettbewerbsrecht

Domains können nicht nur in den Bereichen Namens- und Markenrecht auf Probleme stoßen. Unter Umständen kann eine Domainbezeichnung auch gegen Wettbewerbsrecht verstoßen.

Ähnlich wie im Markenrecht betrifft dieser Sektor allerdings nur Teilnehmer am geschäftlichen Verkehr, Privatpersonen werden nicht erfasst.

Ein ergänzender Schutz durch das Wettbewerbsrecht kommt insbesondere dann in Betracht, wenn weder das Namens- noch das Markenrecht greifen. Dies ist beispielsweise bei so genannten Tippfehlerdomains der Fall. Darunter fallen Domains, wie etwa „mircosoft.de“ oder „ra-rorlich.de“. Sofern solche Vertipper-Domains nicht von den jeweiligen Rechteinhabern, sondern von Dritten, registriert werden und offensichtlich dem Zweck dienen, dadurch Besucher auf die Websites zu locken, kann ein unlauteres Verhalten angenommen werden.

Sanktioniert wird dies (und noch einiges mehr) durch das Gesetz gegen den unlauteren Wettbewerb (UWG). Dessen zentrale Vorschrift, nämlich § 3, enthält in seinem Absatz 1 eine banal klingende Regelung:

„*Unlautere geschäftliche Handlungen sind unzulässig.*“

Die nachfolgenden Normen konkretisieren diese – inhaltlich durchaus überschaubare – Aussage noch weiter. Sehr viel konkreter wird dann der Anhang zu § 3, worin sich die „schwarze Liste der 30 Todsünden“ findet. Danach sind unzulässige geschäftliche Handlungen

1. die unwahre Angabe eines Unternehmers, zu den Unterzeichnern eines **Verhaltenskodexes** zu gehören;
2. die Verwendung von **Gütezeichen, Qualitätskennzeichen oder Ähnlichem** ohne die erforderliche Genehmigung;
3. die unwahre Angabe, ein **Verhaltenskodex** sei von einer öffentlichen oder anderen Stelle **gebilligt**;
4. die unwahre Angabe, ein Unternehmer, eine von ihm vorgenommene geschäftliche Handlung oder eine Ware oder Dienstleistung sei **von einer öffentlichen oder privaten Stelle be-**

stätigt, gebilligt oder genehmigt worden, oder die unwahre Angabe, den Bedingungen für die Bestätigung, Billigung oder Genehmigung werde entsprochen;

5. Waren- oder Dienstleistungsangebote [...] zu einem bestimmten Preis, wenn der Unternehmer nicht darüber aufklärt, dass er hinreichende Gründe für die Annahme hat, er werde nicht in der Lage sein, diese oder gleichartige Waren oder Dienstleistungen für einen angemessenen Zeitraum in angemessener Menge zum genannten Preis bereitzustellen oder bereitstellen zu lassen (**Lockangebote**). Ist die Bevorratung kürzer als zwei Tage, obliegt es dem Unternehmer, die Angemessenheit nachzuweisen;
6. Waren- oder Dienstleistungsangebote [...] zu einem bestimmten Preis, wenn der Unternehmer sodann in der Absicht, stattdessen eine andere Ware oder Dienstleistung abzusetzen, eine **fehlerhafte Ausführung der Ware oder Dienstleistung** vorführt oder sich weigert zu zeigen, was er beworben hat, oder sich weigert, Bestellungen dafür anzunehmen oder die beworbene Leistung innerhalb einer vertretbaren Zeit zu erbringen;
7. die unwahre Angabe, bestimmte Waren oder Dienstleistungen seien allgemein oder zu bestimmten Bedingungen nur **für einen sehr begrenzten Zeitraum** verfügbar, um den Verbraucher zu einer sofortigen geschäftlichen Entscheidung zu veranlassen, ohne dass dieser Zeit und Gelegenheit hat, sich auf Grund von Informationen zu entscheiden;
8. **Kundendienstleistungen in einer anderen Sprache** als derjenigen, in der die Verhandlungen vor dem Abschluss des Geschäfts geführt worden sind, wenn die ursprünglich verwendete Sprache nicht Amtssprache des Mitgliedstaats ist, in dem der Unternehmer niedergelassen ist; dies gilt nicht, soweit Verbraucher vor dem Abschluss des Geschäfts darüber aufgeklärt werden, dass diese Leistungen in einer anderen als der ursprünglich verwendeten Sprache erbracht werden;

9. die unwahre Angabe oder das Erwecken des unzutreffenden Eindrucks, eine **Ware oder Dienstleistung sei verkehrsfähig**;
10. die unwahre Angabe oder das Erwecken des unzutreffenden Eindrucks, **gesetzlich bestehende Rechte** stellten eine Besonderheit des Angebots dar;
11. der vom Unternehmer finanzierte Einsatz redaktioneller Inhalte zu Zwecken der Verkaufsförderung, ohne dass sich dieser Zusammenhang aus dem Inhalt oder aus der Art der optischen oder akustischen Darstellung eindeutig ergibt (**als Information getarnte Werbung**);
12. unwahre Angaben über Art und Ausmaß einer **Gefahr für die persönliche Sicherheit des Verbrauchers** oder seiner Familie für den Fall, dass er die angebotene Ware nicht erwirbt oder die angebotene Dienstleistung nicht in Anspruch nimmt;
13. Werbung für eine Ware oder Dienstleistung, die der Ware oder Dienstleistung **eines bestimmten Herstellers ähnlich** ist, wenn dies in der Absicht geschieht, über die betriebliche Herkunft der beworbenen Ware oder Dienstleistung zu täuschen;
14. die Einführung, der Betrieb oder die Förderung eines Systems zur Verkaufsförderung, bei dem vom Verbraucher ein finanzieller Beitrag für die Möglichkeit verlangt wird, allein oder hauptsächlich durch die Einführung weiterer Teilnehmer in das System eine Vergütung zu erlangen (**Schneeball- oder Pyramidensystem**);
15. die unwahre Angabe, der Unternehmer werde **demnächst sein Geschäft aufgeben** oder seine Geschäftsräume verlegen;
16. die Angabe, durch eine bestimmte Ware oder Dienstleistung ließen sich die **Gewinnchancen** bei einem Glücksspiel erhöhen;
17. die unwahre Angabe oder das Erwecken des unzutreffenden Eindrucks, der Verbraucher habe bereits **einen Preis gewonnen** oder werde ihn gewinnen oder werde durch eine bestimmte Handlung einen Preis gewinnen oder einen sonstigen Vorteil

erlangen, wenn es einen solchen Preis oder Vorteil tatsächlich nicht gibt, oder wenn jedenfalls die Möglichkeit, einen Preis oder sonstigen Vorteil zu erlangen, von der Zahlung eines Geldbetrags oder der Übernahme von Kosten abhängig gemacht wird;

18. die unwahre Angabe, eine Ware oder Dienstleistung könne **Krankheiten, Funktionsstörungen oder Missbildungen heilen**;
19. eine unwahre Angabe über die **Marktbedingungen oder Bezugsquellen**, um den Verbraucher dazu zu bewegen, eine Ware oder Dienstleistung zu weniger günstigen Bedingungen als den allgemeinen Marktbedingungen abzunehmen oder in Anspruch zu nehmen;
20. das Angebot eines **Wettbewerbs oder Preisausschreibens**, wenn weder die in Aussicht gestellten Preise noch ein angemessenes Äquivalent vergeben werden;
21. das Angebot einer Ware oder Dienstleistung als **„gratis", „umsonst", „kostenfrei" oder dergleichen**, wenn hierfür gleichwohl Kosten zu tragen sind; dies gilt nicht für Kosten, die im Zusammenhang mit dem Eingehen auf das Waren- oder Dienstleistungsangebot oder für die Abholung oder Lieferung der Ware oder die Inanspruchnahme der Dienstleistung unvermeidbar sind;
22. die Übermittlung von **Werbematerial unter Beifügung einer Zahlungsaufforderung**, wenn damit der unzutreffende Eindruck vermittelt wird, die beworbene Ware oder Dienstleistung sei bereits bestellt;
23. die unwahre Angabe oder das Erwecken des unzutreffenden Eindrucks, der **Unternehmer sei Verbraucher** oder nicht für Zwecke seines Geschäfts, Handels, Gewerbes oder Berufs tätig;
24. die unwahre Angabe oder das Erwecken des unzutreffenden Eindrucks, es sei im Zusammenhang mit Waren oder Dienstleistungen in einem anderen Mitgliedstaat der Europäischen

Union als dem des Warenverkaufs oder der Dienstleistung ein **Kundendienst** verfügbar;

25. das Erwecken des Eindrucks, der Verbraucher könne bestimmte **Räumlichkeiten nicht ohne vorherigen Vertragsabschluss verlassen**;
26. bei persönlichem Aufsuchen in der Wohnung die Nichtbeachtung einer **Aufforderung des Besuchten, diese zu verlassen oder nicht zu ihr zurückzukehren**, es sein denn, der Besuch ist zur rechtmäßigen Durchsetzung einer vertraglichen Verpflichtung gerechtfertigt;
27. Maßnahmen, durch die der Verbraucher von der **Durchsetzung seiner vertraglichen Rechte** aus einem Versicherungsverhältnis dadurch **abgehalten** werden soll, dass von ihm bei der Geltendmachung seines Anspruchs die Vorlage von Unterlagen verlangt wird, die zum Nachweis dieses Anspruchs nicht erforderlich sind, oder das Schreiben zur Geltendmachung eines solchen Anspruchs systematisch nicht beantwortet werden;
28. die **in eine Werbung einbezogene unmittelbare Aufforderung an Kinder**, selbst die beworbene Ware zu erwerben oder die beworbene Dienstleistung in Anspruch zu nehmen oder ihre Eltern oder andere Erwachsene dazu zu veranlassen;
29. die **Aufforderung zur Bezahlung nicht bestellter, aber gelieferter Waren oder erbrachter Dienstleistungen** oder eine Aufforderung zur Rücksendung oder Aufbewahrung nicht bestellter Sachen und
30. die ausdrückliche Angabe, dass der **Arbeitsplatz oder Lebensunterhalt des Unternehmers gefährdet** sei, wenn der Verbraucher die Ware oder Dienstleistung nicht abnehme.

Diese Auflistung ist jedoch nicht abschließend. Auch solche Tatbestände, die hier nicht erfasst sind, können im Einzelfall nach anderen Vorschriften des UWG unlauter sein. So werden etwa auch die folgenden Verstöße erwähnt:

- Rechtsbruch
- Mitbewerberschutz
- Aggressive geschäftliche Handlungen
- Irreführende geschäftliche Handlungen
- Irreführung durch Unterlassen
- Vergleichende Werbung
- Unzumutbare Belästigungen

Von den letztgenannten „unzumutbaren Belästigungen“ werden u. a. auch Spam-Mails erfasst, also unverlangt via E-Mail zugesandte Werbung.

Aber nicht jeder dieser Verstöße führt immer automatisch zu einer Sanktion. Es muss nämlich auch eine gewisse Erheblichkeit gegeben sein. Es muss sich bei dem konkreten Verhalten also um eine spürbare Marktbeeinträchtigung handeln. Reine Bagatellfälle sollen gerade nicht erfasst werden. Allerdings handelt es sich bei Rechtsverstößen im Internet, etwa bei einer unzulässigen Domainregistrierung oder einem Verstoß gegen die Impressumspflicht, regelmäßig nicht um Bagatellen, sondern um kostenpflichtig abmahnbare Rechtsverletzungen.

Das bloße Registrieren von Domains, die Gattungsbegriffe enthalten, ist für sich genommen noch nicht unlauter. Dies wäre nur dann der Fall, wenn der betreffende Gattungsbegriff mit einem fremden Markenbegriff oder einem Werktitel kollidiert. Ebenso stellt die Verwendung von geografischen Bezeichnungen, also etwa Städte-, Gemeinde- oder Bundeslandnamen, durch einen Nichtberechtigten eine Irreführung dar. Anders wäre der Sachverhalt nur dann zu bewerten, wenn der Bezeichnung ein allgemeiner Zusatz angefügt würde. (z. B. „cityinfo-köln.de“). Wird diese Domain z. B. von einem Verlag oder einer Presseagentur für aktuelle Informationen zur Region genutzt, so ist dies prinzipiell möglich. Es darf eben nur nicht der (falsche) Eindruck entstehen, dass der Betreiber die Stadt Köln sei bzw. von dieser offiziell beauftragt würde. Wird jedem Besucher sofort klar, dass es sich um ein – in diesem Beispiel – journalistisches Angebot mit Informationen rund um die Stadt Köln von einem unabhängigen Anbieter handelt, dann ist alles in Ordnung.

Neben den Second-Level-Domains können bisweilen auch die Domainendungen, also die Top-Level-Domains, Ärger bereiten. Dies gilt beispielsweise für den Sonderfall der AG-Domain. Die Abkürzung „AG" steht hierzulande im geschäftlichen Verkehr im Allgemeinen für die Rechtsform der Aktiengesellschaft. Registriert aber nun z. B. die „Mustermann GmbH" die Domain „mustermann.ag", so kann dies als Irreführung und somit als Wettbewerbsverstoß gewertet werden. Sofern kein klarstellender Hinweis auf der Website erfolgt, drohen also Abmahnungen der Konkurrenz. Eine ähnliche Sichtweise kann auch in Bezug auf eine COM-Domain berechtigt sein, sofern diese von einem Unternehmen genutzt wird, das ausschließlich in Deutschland tätig ist.

2.5 An alles gedacht?

Zu guter Letzt soll die nachfolgend dargestellte Checkliste dabei helfen, den Bloggeralltag bei der Wahl des Domainnamens, der Bezeichnung des Blogs oder auch der Benennung der Profile in den sozialen Medien zu erleichtern.

Sofern keine anderweitigen Rechte betroffen sind und nicht gegen die guten Sitten verstoßen wird, sind folgende Bezeichnungen grundsätzlich **zulässig**:

- ✔ eigener Vor- bzw. Nachname
- ✔ eigenes Pseudonym/eigener Künstlername
- ✔ eigener Unternehmensname
- ✔ Fantasiebezeichnungen
- ✔ Gattungsbegriffe

Unzulässig sind hingegen folgende Bezeichnungen:

- ✗ offensichtlich geschützte Namen existierender Unternehmen oder (prominenter) Personen
- ✗ Bezeichnungen fremder Marken
- ✗ fremde Werktitel (z. B. von Büchern oder Fernsehsendungen)
- ✗ Namen von Behörden, Städten, Bundesländern etc.
- ✗ so genannte Tippfehlerdomains (z. B. „mircosoft.de“ oder „goggle.de“)

Eine Prüfung im Einzelfall durch einen Fachmann kann letzte Zweifel zerstreuen.

KAPITEL 3

Diese Angaben sind ein „Muss“

Neben den eigentlichen Inhalten gibt es zwei Punkte, denen beim Bloggen eine zentrale Bedeutung zukommt, nämlich die Anbieterkennzeichnung (oder unjuristisch gesprochen: das Impressum) und der Datenschutz. Denn jede nicht nur rein private Internetpräsenz muss sowohl ein Impressum als auch Datenschutzhinweise enthalten. Das gilt selbstverständlich auch für Blogs in jeglicher Ausgestaltung sowie für Profile in den sozialen Medien. Je nach Plattformanbieter kann auf eine eigene Datenschutzerklärung der einzelnen Nutzer verzichtet werden. So bieten beispielsweise Facebook oder auch Twitter schon eigene, recht umfangreiche Datenschutzhinweise an, was wiederum die einzelnen Mitglieder aus dieser Pflicht entlässt. Ein Impressum ist hier dennoch erforderlich, allerdings erleichtern viele Plattformbetreiber dahingehend zumindest die Einrichtung durch einen entsprechend vorbereiteten Menüpunkt. Die Pflichtangaben müssen dann allerdings von jedem Nutzer selbst eingefügt werden.

Auch die Entscheidung, ob der eigene Onlineauftritt rein privater Natur ist oder schon darüber hinausgeht, übernehmen nicht Facebook, Twitter, YouTube & Co. Auch dies bleibt den Nutzern überlassen. Ein Blick ins Gesetz, genauer in das Telemediengesetz (TMG), fördert in diesem Zusammenhang die Begrifflichkeit „geschäftsmäßig“ zu Tage. In § 5 TMG heißt es:

„Diensteanbieter haben für geschäftsmäßige, in der Regel gegen Entgelt angebotene Telemedien folgende Informationen leicht erkennbar, unmittelbar erreichbar und ständig verfügbar zu halten: …“.

Kurz gesagt fallen alle Blogs und auch die sozialen Medien unter die hier genannten „Telemedien“.

Aus der Formulierung „geschäftsmäßig, in der Regel gegen Entgelt“ folgt jedoch nicht, dass die Nutzung der Telemedien selbst entgeltpflichtig sein muss. Es sollen anhand dieser Formulierung alle nicht kommerziellen Angebote von der Impressumspflicht ausgenommen werden.

Die Grenze der reinen Privatheit wird bereits dann überschritten, wenn im Blog Werbebanner dargestellt oder auch AdWords-Werbeflächen eingebunden werden. Hierbei kommt es nicht darauf an, ob mit der Werbung tatsächlich Einnahmen erzielt werden. Es wird auf die reine Möglichkeit der Umsatzerzielung abgestellt. Auch wenn hiervon die seitens des Plattformbetreibers eingebundene Werbung nicht umfasst wird, so gilt die Impressumspflicht letztlich doch für alle Profile mit nicht nur rein privat ausgerichteten Inhalten. So kann etwa das Facebook-Profil eines Rechtsanwalts rein privat sein, sofern dort ausschließlich zu dessen Privatbereich zählende Inhalte zu finden sind. Betreibt er das Profil allerdings erkennbar nicht als Privatperson, sondern zumindest auch zu beruflichen Zwecken, besteht für ihn die Pflicht zur Bereitstellung eines Impressums mit den entsprechenden Pflichtinhalten.

Zusammenfassend lässt sich für **Blogs, Vlogs, Podcasts etc.** sagen:

- rein private Ausrichtung: keine Datenschutzhinweis- und keine Impressumspflicht
- „geschäftsmäßige“ Ausrichtung: Pflicht zur Bereitstellung eines Impressums sowie einer Datenschutzerklärung

In puncto **Social Media** ergibt sich ein kleiner Unterschied:

- rein private Ausrichtung: keine Datenschutzhinweis- und keine Impressumspflicht
- „geschäftsmäßige“ Ausrichtung: Pflicht zur Bereitstellung eines Impressums, Datenschutzhinweise nicht erforderlich (Datenschutzerklärung des Plattformbetreibers insoweit ausreichend)

Nicht jeder Einzelfall ist immer gleich für jeden „sonnenklar“ und korrekt einzustufen, daher sollte im Zweifel die Einrichtung eines Impressums erfolgen. Bei unklarer Ausrichtung eines Blogs empfiehlt es sich, sowohl ein Impressum als auch eine Datenschutzerklärung zu erstellen.

3.1 Impressum

Als Blogger kann man zwar ganz ohne fremde Hilfe die eigene Webpräsenz realisieren und betreiben, allerdings wird nicht selten zumindest in puncto Layout Unterstützung von Webdesignern in Anspruch genommen. Es darf allerdings nicht der Fehler begangen werden, auch die inhaltliche Gestaltung des Impressums in fremde Hände zu legen. Ausnahme: der fachlich qualifizierte Rechtsanwalt. Auch der beste Webdesigner bzw. -programmierer hat einfach nicht die berufliche Qualifikation und auch nicht die Erlaubnis, konkrete Rechtsberatung zu betreiben. Und als solche gilt die individuelle Gestaltung eines Impressums (oder auch einer Datenschutzerklärung), wenn sie für Dritte vorgenommen wird. Und dabei spielt es auch keine Rolle, ob die Erstellung des Impressums kostenfrei oder gegen Entgelt geschieht.

Jeder Blogger ist generell ohnehin selbst für die eigenen Inhalte verantwortlich. Sofern er selbst nicht die ausreichenden Kenntnisse hat, um ein korrektes Impressum zu erstellen, muss er sich an einen Fachmann wenden. Dies gewinnt umso mehr an Bedeutung, wenn man weiß, dass es inzwischen bei deutschen Gerichten anerkannt ist, dass ein falsches oder gar fehlendes Impressum regelmäßig als abmahnbarer Verstoß gegen das Wettbewerbsrecht einzustufen ist. Es gibt sicherlich auch reine Bagatellfälle, die nicht abgemahnt werden können. Allerdings sind solche Konstellationen wohl eher die Ausnahme als die Regel.

Übrigens: Es ist nicht ausreichend, ein bloßes Kontaktformular anstelle eines juristisch einwandfreien Impressums bereitzustellen. Daher sollte ein wenig Zeit, Arbeit und eventuell auch Geld in ein korrektes Impressum für den eigenen Blog bzw. für das eigene Social-Media-Profil investiert werden.

Gestaltung des Menüpunkts

Nicht nur der Inhalt, sondern auch die Gestaltung des Impressummenüpunkts ist von Bedeutung. Sie ist zwar nicht allzu schwer, dennoch sind die von Seiten des Gesetzgebers vorgegebenen Punkte zu beachten. Grundsätzlich muss der Menüpunkt

- leicht erkennbar,
- unmittelbar erreichbar und
- ständig verfügbar

sein. Das ergibt sich unmittelbar aus § 5 TMG.

Der Aspekt „leichte Erkennbarkeit“ bezieht sich auf die Bezeichnung des Menüpunkts. Hier haben sich Begriffe wie „Impressum“, „Anbieterkennzeichnung“ oder „Kontakt“ inzwischen eingebürgert. Prinzipiell ist die Verwendung von „Impressum“ nicht verpflichtend, aber aus verschiedenen Gründen zu empfehlen. Denn unter „Kontakt“ finden sich bisweilen bloße Kontaktformulare oder spezielle Servicekontaktdaten. Begrifflichkeiten, wie „Pflichtangaben“ oder „Anbieterkennzeichnung“, sind für sich betrachtet zwar korrekt, allerdings für juristische Laien nicht zwingend eindeutig als Impressum zu erkennen. Folglich ist die Bezeichnung als „Impressum“ ganz klar die Ideallösung. Zwar ist beispielsweise der Begriff „Backstage“ für das Webimpressum einer Musikband deutlich kreativer – in den Augen von Justitia allerdings etwas zu kreativ. Wenn nämlich der Impressummenüpunkt so gewählt wird, dass er für den durchschnittlichen Websitebesucher nicht mehr als solcher zu identifizieren ist, dann kann nicht mehr von „leichter Erkennbarkeit" im Rechtssinne gesprochen werden. Ziel verfehlt!

In puncto „unmittelbare Erreichbarkeit" ist zu sagen, dass dies in Zeiten von CMS-Software eigentlich kein Problem mehr ist. Sind Menüpunkte einmal im System angelegt, dann tauchen sie auch auf jeder bestehenden und zukünftigen Unterseite auf. Somit findet jeder Besucher, unabhängig davon, ob er auf der Start- oder einer Unterseite landet, ohne Umschweife die Hauptnavigationspunkte und damit auch das Impressum. Dies setzt natürlich voraus, dass der Punkt auch tatsächlich angelegt wird. Vielfach wird er im CMS jedoch bereits standardmäßig angeboten. Wichtig ist allerdings noch, dass nicht mehr als zwei Mausklicks nötig sein dürfen, um zu den Impressumsinhalten zu gelangen. Ein „Verstecken" des Impressums in der dritten Unternavigationsebene ist daher tabu. Im Idealfall wird der Menüpunkt „Impressum" direkt in die Hauptebene der Navigationsstruktur eingebunden. Alternativ kann er auch in der Kopf- bzw. Fußzeile der Website platziert werden. Eine Art „Sammelmenüpunkt", wie beispielsweise „AGB/Rechtsinfos/Impressum/Datenschutz", ist allerdings nicht mehr „leicht erkennbar" und folglich zu vermeiden.

Zu guter Letzt muss auch die „ständige Verfügbarkeit" gewährleistet sein. Allerdings bedeutet dies nicht automatisch, dass jede temporäre Nichterreichbarkeit der Webpräsenz als Rechtsverstoß zu werten ist. Denn es kann ja verschiedene technische Gründe geben, warum eine Internetseite bzw. der Server, auf dem sie gehostet wird, gerade nicht erreichbar ist. Oftmals hat der Sitebetreiber darauf auch gar keinen unmittelbaren Einfluss. Es ist vielmehr wichtig, dass das Impressum als fester Bestandteil der Sitestruktur bestehen bleibt, auch wenn sich eventuell andere Menüpunkte ändern oder auch mal Teilbereiche (z. B. ein bestimmter Thread des Blogs) verschoben, gelöscht oder für eine Zeit gesperrt werden.

Inhalte

Bevor auf die einzelnen Impressumsinhalte eingegangen wird, noch ein wichtiger Hinweis: Die Angaben im Impressum sind stets als Text und nicht als Grafik zu hinterlegen. Denn andernfalls wäre nicht gewährleistet, dass die Impressumsangaben auf jedem Endgerät, mit jeder Bildschirmauflösung oder mit jeder Browsereinstellung korrekt dargestellt werden können. Fehler gehen im Zweifel zu Lasten des Sitebetreibers.

Die verpflichtend anzugebenden Informationen sind in § 5 TMG sowie zusätzlich auch in § 55 Rundfunkstaatsvertrag (RStV) genannt. Für Betreiber eines Weblogs gelten somit folgende Pflichtangaben:

- **Name**: jeweils ausgeschriebener Vor- und Nachname, bei Unternehmen zusätzlich die Rechtsformangabe (also z. B. GmbH, AG oder Ltd.)
- **Anschrift**: ladungsfähige Anschrift, also Straße, Hausnummer, Postleitzahl und Wohnort (Postfachadresse allein nicht ausreichend, kann aber zusätzlich angegeben werden)
- **Kontaktdaten**: zumindest Telefonnummer und E-Mail-Adresse, eventuell (aber nicht verpflichtend) Faxnummer
- **Vertreter**: bei Unternehmen zusätzlich Vor- und Nachname sowie Anschrift der vertretungsberechtigten Person(en), also z. B. des Geschäftsführers einer GmbH oder des Vorstandsvorsitzenden einer AG
- **Registerangaben**: im Falle einer Eintragung z. B. im Partnerschafts-, Vereins- oder Handelsregister die Registernummer sowie das Registergericht
- **Tätigkeitsende**: eventuell Angaben über in Liquidation befindliche Unternehmen in Form der AG, der KGaA oder der GmbH
- **Inhaltsverantwortung**: Nennung der inhaltlich verantwortlichen Person (ausgeschriebener Vor- und Nachname sowie die

Anschrift); hier muss eine natürliche Person und kein Unternehmen genannt werden.

- **Steuer**: Angabe der Umsatzsteuer-Identifikationsnummer (falls vorhanden)
- **Social Media**: Soll das Blogimpressum auch als Impressum für die eigenen Profile in den sozialen Medien dienen, muss ein entsprechender Hinweis aufgenommen werden.

PRAXISTIPP: Auf manchen Portalen, wie z. B. Twitter, steht für die Impressumsinhalte nur eine begrenzte Zeichenanzahl zur Verfügung. Nicht nur deshalb empfiehlt es sich, an zentraler Stelle – idealerweise der eigenen Website bzw. dem eigenen Blog – ein umfassendes Impressum bereitzustellen. Denn dann kann von anderen Blogs oder aus den sozialen Medien per „sprechendem Link" darauf verwiesen werden, z. B. so: „hier gehts zum Impressum".

Wird der Blog etwa von einem Arzt, einem Architekten, einem Rechtsanwalt oder einem anderen Mitglied reglementierter Berufe betrieben, so kommen die folgenden Informationspflichten hinzu:

- **Beruf**: Angabe der Berufsbezeichnung und des Landes, in dem sie erteilt wurde
- **Aufsichtsbehörde**: die zuständige Aufsichtsbehörde bzw. Kammer nebst Anschrift und Kontaktdaten
- **Gesetze**: Hinweis auf das einschlägige Berufsrecht plus Link auf eine Fundstelle der Gesetzestexte im Internet

Zu den aufgelisteten Pflichtangaben können sich auch noch andere Informationen gesellen, deren Angabe zwar verpflichtend, aber nicht unbedingt zwingend im Impressum vorzunehmen ist. Dazu gehören u. a.

- **Onlinestreitschlichtung**: Werden über den Blog zumindest auch hin und wieder Verträge über Waren bzw. Dienstleistungen geschlossen, muss ein Hinweis nebst Link auf die OS-Plattform der Europäischen Kommission erfolgen.

- **Kundenservice**: Auch Hinweise auf Öffnungs- bzw. Servicezeiten inklusive der entsprechenden Kontaktdaten dürfen im E-Commerce-Bereich nicht fehlen.
- **Urhebernachweise**: Das Impressum kann auch als zentrale Stelle zur Platzierung der Urheberangaben dienen, die im Falle der Nutzung etwa von fremdem Bildmaterial gemacht werden müssen.
- **Dienstleister**: Handelt es sich beim Blogbetreiber um einen Anbieter von Dienstleistungen, können die Angaben gemäß Dienstleistungs-Informationspflichten-Verordnung (DL-InfoV) im Impressum erfolgen.

Weiterhin können auch noch sonstige, freiwillige Informationen in das Impressum aufgenommen werden, beispielsweise Kontodaten, Öffnungszeiten oder Haftungshinweise.

Formulierungsbeispiele

Genug mit der Theorie, nun zur Praxis. Es folgen zwei exemplarisch formulierte Musterimpressumsseiten: Eines für eine GmbH, die über ihren Blog auch Verträge mit Verbrauchern abschließt, und eines für den „typischen“ Einzelblogger. Das Impressum für die Mustermann GmbH kann wie folgt aussehen:

Impressum

Verantwortlich im Sinne des Telemedienrechts für die Domain mustermann-gmbh.de sowie für die Facebook-Seite Facebook.com/mustermann-gmbh, das Twitter-Profil Twitter.com/MustermannGmbH und für die XING-Präsenz Xing.com/profile/Mustermann_GmbH:

Mustermann GmbH

Geschäftsführer: Max Mustermann

Musterstr. 123

12345 Musterhausen

Telefon: 020 12345678

Telefax: 020 12345679

E-Mail: info@mustermann-gmbh.de

Handelsregistereintrag: AG Musterhausen, HRB 123456

Umsatzsteuer-Identifikationsnr.: DE 123456789

Inhaltlich Verantwortlicher: Moritz Mustermann (Anschrift s.o.)

Informationen zur Onlinestreitbeilegung: Die EU-Kommission stellt eine Internetplattform zur Onlinebeilegung von Streitigkeiten (sog. „OS-Plattform") bereit. Diese OS-Plattform soll als Anlaufstelle zur außergerichtlichen Beilegung von Streitigkeiten im Zusammenhang mit vertraglichen Verpflichtungen aus Onlinekaufverträgen dienen. Die OS-Plattform ist unter folgendem Link erreichbar: http://ec.europa.eu/consumers/odr. Unsere E-Mail-Adresse finden Sie oben bei unseren Kontaktdaten.

Service/Reklamationen: Unseren Service erreichen Sie von Montag bis Freitag jeweils im Zeitraum von 09:00 bis 18:00 Uhr unter der Telefonnummer 01805 987654321* sowie per E-Mail unter service@mustermann-gmbh.de.

* xy EUR pro Minute aus dem deutschen Festnetz, Preis für Anrufe aus dem Mobilfunknetz kann abweichen

Urhebernachweise:

- alle Fotos auf der Startseite © Fin Fotograf/PIXELIO
- Grafik „Paragraf" im Impressum © Ingo Illustrator/PIXELIO
- alle sonstigen Fotos © Kurt Knipser/Fotolia.com

Das Webimpressum einer bloggenden Einzelperson ist regelmäßig nicht ganz so umfangreich. Es könnte wie folgt aussehen:

Impressum

Verantwortlich i.S.d. Telemedienrechts für die Domain musterblogger.de sowie für die Facebook-Seite Facebook.com/musterblogger und das Twitter-Profil Twitter.com/MusterBlogger:

Max Musterblogger

Musterstr. 123

12345 Musterhausen

Telefon: 020 12345678

E-Mail: info@muster-blogger.de

Inhaltlich Verantwortlicher: Max Musterblogger (Anschrift s.o.)

Urhebernachweise:
- Grafik „Paragraf" © Ingo Illustrator/PIXELIO
- Fotos „Gebäude01" & „Landschaft02" © Kurt Knipser/Fotolia.com"

Ein vollständiges Impressum für Profile in den sozialen Medien ist zwar generell Pflicht, dies kann aber auch eleganter gelöst werden. Hier heißt das Zauberwort: „sprechender Link". Denn mit einem Hinweistext, wie etwa „hier gehts zum Impressum", bei dem das Wort „Impressum" mit einem Link unterlegt ist, der zur betreffenden Unterseite der eigenen Webpräsenz führt, kann man die Vorgaben des Gesetzgebers ebenso gut erfüllen. Sofern man tatsächlich mit nur einem Mausklick direkt zu den Pflichtangaben gelangt, wird die Zwei-Mausklicks-Regel und damit auch die „direkte Erreichbarkeit" erfüllt. Zudem muss man bei eventuell erforderlichen Änderungen des Impressums nur die Angaben an der einen, zentralen Stelle korrigieren und riskiert darüber hinaus nicht, das Facebook-Profil oder das Impressum eines Parallelblogs zu vergessen.

Handlungsanleitungen

Ist die Umsetzung der Impressumspflicht im eigenen Blog, insbesondere bei der Nutzung eines CMS-Systems, noch vergleichsweise simpel, kann es bei den sozialen Medien schon einmal zu Problemen kommen. Denn nicht jeder Anbieter stellt auch einen Extrabereich für die Impressumsangaben bereit.

Es folgt daher ein Überblick über die meistgenutzten Social-Media-Kanäle und die Vorgehensweise bei der Einbindung eines Impressumsbereichs:

- **Facebook**: Bei Facebook kommt es darauf an, ob Sie eine Unternehmensseite oder ein persönliches Profil (z.B. als Freiberufler) haben. Auf Unternehmensseiten lassen sich die Impressumsinhalte oder der sprechende Link in der Infobox („Seite bearbeiten" – „Seiteninfo aktualisieren" – „kurze Beschreibung") oder unter „Website-URL" einbinden. In persönlichen Profilen kann die Angabe im „Steckbrief"-Bereich und/oder in der „Info"-Sektion erfolgen.
- **Twitter**: Aufgrund des beschränkten Platzangebots kommt beim Kurznachrichtendienst letztlich nur die Platzierung einer Verlinkung auf das Websiteimpressum in Betracht. Dieser sprechende Link kann statt des Websitelinks oder im Rahmen der Profilbeschreibung („Bio") eingebunden werden.
- **Google+**: Mangels anderer Alternativen kommt beim Google-eigenen Facebook-Konkurrenten lediglich die Unterbringung des sprechenden Impressumslinks in der Kurzinfozeile (ehemals Mottozeile) in Betracht.
- **YouTube**: In Googles Videoportal kann die Verlinkung zum eigenen Websiteimpressum als so genannter Overlay eingebunden werden. Nach dem Einloggen in den eigenen YouTube-Kanal kann im Rahmen der Kanalinfos auf das Symbol für die Linkbearbeitung (kleines „Stiftsymbol") geklickt werden. Dort kann dann ein benutzerdefinierter Link zum Impressum an-

gelegt werden. Außerdem sollte die Anzahl der Overlays entsprechend angepasst werden, sofern noch weitere Links erstellt wurden.

- **XING**: Das Businessnetzwerk stellt mittlerweile eine eigenständige Rubrik für Impressumsangaben bereit; diese sollte daher auch genutzt werden. Ideal ist auch hier wieder die Angabe eines sprechenden Links zum Websiteimpressum. Zusätzlich kann dieser auch in das Zitat-/Mottofeld eingefügt werden, das sich direkt unterhalb des Profilfotos befindet.
- **LinkedIn**: Da LinkedIn keinen eigenständigen Impressumsabschnitt für seine Mitglieder bereithält, bleibt nur die Alternative, den sprechenden Link auf das eigene Websiteimpressum in der Profilbeschreibung („Über mich") bzw. als Link in den Kontaktdaten unterzubringen.

Bei der Verwendung eines sprechenden URL, also z. B. von *www.meine-website.de/impressum* kann auf die zusätzliche Angabe des Wortes „Impressum" verzichtet werden. Wird hingegen aufgrund der Länge des zu verlinkenden URL ein Linkverkürzer eingesetzt oder verfügt der URL nicht über so eine eindeutige „Sprache", dann ist der Zusatz „Impressum" oder auch „hier gehts zum Impressum" voranzustellen.

3.2 Datenschutz

Das Datenschutzrecht dient dem Schutz persönlicher Daten von natürlichen Personen, Daten von Unternehmen werden hingegen nicht geschützt. In Deutschland besteht ein im weltweiten Vergleich recht hohes Niveau des Datenschutzes, sowohl offline als auch online. Die zentralen Vorschriften finden sich im Bundesdatenschutzgesetz (BDSG), das immer dann zur Anwendung kommt, wenn es keine spezialgesetzlichen Regelungen gibt.

Begriffe und Grundsätze

Im Bereich des Datenschutzrechts gibt es verschiedene Begrifflichkeiten und Prinzipien, die man – auch als Blogbetreiber – kennen und verstehen sollte. Denn nur dann kann man auch die für das Medium Internet gültigen Vorschriften verstehen und entsprechend umsetzen. Ein Verstoß gegen Datenschutzvorschriften im eigenen Blog kann zugleich auch ein Verstoß gegen das Wettbewerbsrecht sein und folglich nicht nur per Abmahnung von der Konkurrenz, sondern unter Umständen auch mittels Bußgeld durch die zuständige Datenschutzaufsichtsbehörde verfolgt werden. Es droht im Ernstfall also doppelt Ungemach ...

Die wichtigsten Begriffe sind dankenswerterweise bereits im BDSG verankert und definiert. Wichtigster Dreh- und Angelpunkt sind die personenbezogenen Daten von Betroffenen (§ 3 Abs. 1 BDSG):

„*Personenbezogene Daten sind Einzelangaben über persönliche oder sachliche Verhältnisse einer bestimmten oder bestimmbaren natürlichen Person (Betroffener).*"

Zu diesen personenbezogenen Daten zählen u. a.

- **persönliche Daten** (Name, Anschrift, Kontaktdaten, Geburtsdatum ...)
- **Finanzdaten** (Bankverbindung, Gehaltsabrechnung ...)
- **biometrische Daten** (Fingerabdruck, DNA-Probe ...)
- **Foto** einer erkennbar abgebildeten Person
- **Gesundheitsdaten** (Krankmeldung, Diagnose, Überweisung ...)
- **IP-Adresse**

Darüber hinaus gibt es auch besondere Arten von personenbezogenen Daten (§ 3 Abs. 9 BDSG), nämlich Angaben über

- rassische bzw. ethnische Herkunft,
- politische Meinungen,
- religiöse oder philosophische Überzeugungen,
- Gewerkschaftszugehörigkeit,
- Gesundheit oder
- Sexualleben.

Neben diesen Schutzobjekten kennt das BDSG natürlich auch „verantwortliche Stellen“, also jede Person oder Stelle, die personenbezogene Daten für sich selbst erhebt, verarbeitet oder nutzt oder dies durch andere im Auftrag vornehmen lässt (§ 3 Abs. 7 BDSG). Eine datenschutzrechtlich verantwortliche Stelle kann also entweder eine natürliche Person, eine Behörde oder ein Unternehmen sein, letztlich auch jeder Blogbetreiber.

Neben dem Wissen um diese Begrifflichkeiten sollten auch die essentiellen Datenschutzgrundsätze bekannt sein. Dabei handelt es sich um die folgenden:

- **Datensparsamkeit**: Es sollen nur solche Daten verarbeitet werden, die für den konkreten Zweck unbedingt notwendig sind.
- **Datenvermeidung**: Auf die Verarbeitung personenbezogener Daten soll soweit wie möglich verzichtet werden bzw. personenbezogene Daten sind, soweit möglich, zu anonymisieren oder zu pseudonymisieren.
- **Zweckbindung**: Jede Erhebung bzw. Verarbeitung von personenbezogenen Daten muss einem bestimmten, vorher festgelegten Zweck dienen. Wird der Zweck der Datenerhebung bzw. -verarbeitung später geändert, so stellt dies einen neuen (erneut einwilligungsbedürftigen) Eingriff dar.
- **Verbot mit Erlaubnisvorbehalt**: Die Erhebung, Verarbeitung und Nutzung personenbezogener Daten sind nur zulässig, soweit das Gesetz es erlaubt oder der Betroffene eingewilligt hat.

Kurz und knapp könnte man sagen: so viel wie nötig, so wenig wie möglich und das auch nur mit gutem Grund!

Datenschutzhinweise

Abseits aller theoretischen Grundlagen ist die wichtigste Konsequenz für Blogger, dass sie für die Besucher ihrer Website den Datenschutz betreffend bestimmte Informationen bereitstellen müssen. Dies gilt, ähnlich wie beim Impressum, nur für solche Internetauftritte, die nicht nur rein privater Natur sind.

Auch der betreffende Menüpunkt sollte eindeutig bezeichnet werden, also z. B. mit „Datenschutz", „Datenschutzhinweise" oder „Datenschutzerklärung". Er sollte auch von jeder Einzelseite aus gleich gut erreichbar sein und nicht erst umständlich gesucht werden müssen. Eine Platzierung der Datenschutzinformationen etwa im Impressum ist immer wieder zu beobachten, kann aus juristischer Sicht aber nicht empfohlen werden. Denn zum einen ist das Impressum in aller Regel ohnehin schon gut gefüllt und zum anderen muss man als durchschnittlicher Blogbesucher nicht mit solchen Infos im Rahmen des Impressums rechnen. Sicherer ist daher ein eigenständiger Menüpunkt in der Hauptnavigation oder in der Kopf- bzw. Fußzeile der Website.

Mitte November hat das Bundesministerium der Justiz und für Verbraucherschutz (BMJV) ein Muster für einfach und übersichtlich gestaltete Datenschutzhinweise im Internet veröffentlicht (*https://www.bmjv.de/SharedDocs/Pressemitteilungen/DE/2015/11192915_Vorstellung_OnePager.html*). Nach diesen Vorgaben soll eine Onlinedatenschutzerklärung als so genannter Onepager realisiert werden können. Dies soll nicht die eigentliche Datenschutzerklärung ersetzen, sondern als eine Art Zusammenfassung ergänzen. Eine Pflicht zur Nutzung einer solchen Onepager-Variante besteht jedoch nicht.

Übrigens: Eine eigene Datenschutzerklärung ist zwar im eigenen Blog, jedoch nicht in den Social-Media-Profilen erforderlich. Hier genügen die zentral vom Betreiber bereitgestellten Informationen völlig.

Inhaltlich kommt es stark darauf an, wie der betreffende Blog ausgerichtet ist, ob also beispielsweise auch ein Newsletter angeboten wird, ob es einen Mitglieder-/Log-in-Bereich gibt, ob und welche Analysesoftware eingesetzt wird und und und ... An der folgenden Checkliste kann man sich entlanghangeln und so sicherstellen, dass man nichts Wichtiges vergisst:

- ☑ **Grundsatz** (Hinweis auf die generelle Beachtung der Datenschutzvorschriften)
- ☑ **Erhebung/Verarbeitung/Nutzung** (Welche Arten von Daten werden wozu verarbeitet?)
- ☑ **Übermittlung** (Welche Daten werden wozu an wen übertragen?)
- ☑ **Server-Logs** (Welche Daten werden wozu gespeichert?)
- ☑ **Kontaktformular** (welche Daten? verschlüsselte Übertragung?)
- ☑ **Newsletter** (Inhalte, Widerspruchsrecht ...)
- ☑ **Nutzerregistrierung/Log-in-Bereich**
- ☑ **Kommentarfunktion**
- ☑ **Analyseprogramme** (Google Analytics, etracker, Piwik, Adobe Analytics/Omniture o. Ä.)
- ☑ **Cookies**
- ☑ **Social Plug-ins** (Facebook, Twitter, Google+, XING, LinkedIn, WhatsApp etc.)
- ☑ **Werbung** (Google AdSense, Amazon Partnerprogramm, Google Remarketing ...)
- ☑ **sonstige Dienste** (z. B. Instagram, Pinterest, Tumblr ...)
- ☑ **eingebettete Fremdinhalte („embedded content“)**, wie etwa bei YouTube-Videos, Google Maps, Stock-Fotos, RSS-Feeds ...

- ☑ **CMS-Plug-ins** (WordPress-Plug-in „Jetpack“ oder „WordPress.com Stats“ etc.)
- ☑ **Auskunftsrecht** (Hinweis auf jederzeit mögliche, kostenfreie Auskunft über eigene Daten)
- ☑ **Löschung/Korrektur** (Hinweis auf Löschungs- bzw. Korrekturanspruch)
- ☑ **Ansprechpartner** (Name, Anschrift und Kontaktdaten der zuständigen Person für den Bereich Datenschutz)

Diese Liste ist nicht abschließend, enthält aber die Must-haves.

Einbindung von Social Plug-ins

Wer kennt sie nicht, diese kleinen Tweet- oder Like-Buttons, die inzwischen fast jede Internetseite zieren. Damit erreicht man eine direkte Verbindung zu den jeweiligen sozialen Netzwerken und kann per Mausklick z. B. einen bestimmten Blogbeitrag bei Facebook teilen oder via Twitter verbreiten. Aus datenschutzrechtlicher Sicht ist jedoch zu beachten, dass bei diesen Vorgängen auch personenbezogene Daten übertragen werden. Die exakten Details sind letztlich nur den Betreibern der einzelnen Plattformen bekannt, eine Übertragung von IP-Adressen erfolgt wohl aber in jedem Fall. Und weil es sich dabei nach überwiegender Auffassung um ein personenbezogenes Datum handelt, muss man sich bei der Einbindung von Social Plug-ins an die datenschutzrechtlichen Spielregeln halten. Dies kann mittels so genannter „Zwei-Klick-Lösung“ erfolgen. Diese Lösung funktioniert nach dem folgenden Prinzip:

- **Platzhalter**: Einbindung von Platzhaltergrafiken ohne Funktionalität
- **Kurzinfo**: Darstellung von Informationen bezüglich der „Social Plug-ins“ bzw. der „Zwei-Klick-Lösung“ z. B. als Mouse-over-Text
- **Nutzerhandlung**: Aktivierung der „Social Plug-ins“ nach erstem Mausklick des Nutzers

- **Wiederholung**: Nutzung der Funktionen der „Social Plug-ins“ erst nach zweitem Mausklick des Nutzers
- **Hinweise**: ausdrücklicher Hinweis auf „Social Plug-ins“ im Rahmen der Datenschutzerklärung

Technische Umsetzungen dieser Zwei-Klick-Lösung existieren inzwischen von verschiedenen Anbietern, es gibt auch vorgefertigte Zusatzprogramme für gängige CMS-Software. Heise Medien hatte die Zwei-Klick-Lösung als einer der ersten Anbieter als Programmcode frei verfügbar online gestellt, ist inzwischen allerdings zu einer anderen Variante übergegangen („c't Shariff“). Egal, welche der beiden Lösungsansätze zum Einsatz kommt, einer von beiden sollte es auf jeden Fall sein. Denn Fakt ist, dass eine direkte Einbindung von Social Plug-ins einen Verstoß gegen das Datenschutzrecht bedeutet. Dies hat jüngst das Landgericht Düsseldorf mit Urteil vom 9. März 2016 (Aktenzeichen: 12 O 151/15) entschieden.

Nutzung von Analysesoftware

Der Einsatz von spezieller Software zwecks Analyse der Besucherströme im eigenen Blog ist sinnvoll und daher gut nachvollziehbar, allerdings auch mit juristischen Tücken verbunden. Hier besteht eine ganz ähnliche Problematik wie bei der Nutzung von Social Plug-ins. Wegen der Übertragung bzw. Verarbeitung der IP-Adresse der Websitebesucher sind die datenschutzrechtlichen Regelungen einschlägig. Somit sollten die folgenden Schritte beachtet werden:

- **Codemodifikation**: IP-Adressen dürfen nicht komplett erhoben werden, durch die Veränderung des Codes der Analysesoftware ist dies zu unterbinden.
- **Widerspruchsmöglichkeit**: Websitebesuchern ist ein Widerspruch gegen die Datenerfassung zu ermöglichen, z. B. per Link

zum Deaktivierungs-Add-on für den Browser oder durch das Setzen eines „Opt-out-Cookies".

- **Hinweis**: Im Rahmen der Datenschutzerklärung muss ein ausdrücklicher Hinweis über die eingesetzte Analysesoftware erfolgen.
- **Vertrag**: Es ist ein Vertrag in schriftlicher Form über die Auftragsdatenverarbeitung mit dem Anbieter der Analysesoftware abzuschließen.

Nur, wenn alle der genannten Punkte umgesetzt werden, kann Analysesoftware rechtssicher eingesetzt werden. Wurden zuvor Daten ohne Einhaltung dieser Vorgaben erhoben bzw. verarbeitet, so sind diese zu löschen. Im Zweifel muss etwa der bisherige Google-Analytics-Account gelöscht und ein neuer angelegt werden.

IT-Sicherheitsgesetz

Am 25. Juli 2015 ist das Gesetz zur Erhöhung der Sicherheit informationstechnischer Systeme, oder kurz: IT-Sicherheitsgesetz, in Kraft getreten. In erster Linie zielt dieses Regelwerk auf Unternehmen aus „kritischen Bereichen" ab, also u. a. auf den Energie-, Telekommunikations-, Gesundheits-, Ernährungs- oder den Finanzsektor. Allerdings wurde auch das Telemedienrecht geändert, nämlich § 13 Abs. 7 TMG. Diese Norm lautet wie folgt:

„Diensteanbieter haben, soweit dies technisch möglich und wirtschaftlich zumutbar ist, im Rahmen ihrer jeweiligen Verantwortlichkeit für geschäftsmäßig angebotene Telemedien durch technische und organisatorische Vorkehrungen sicherzustellen, dass

1. kein unerlaubter Zugriff auf die für ihre Telemedienangebote genutzten technischen Einrichtungen möglich ist und

2. diese

a) gegen Verletzungen des Schutzes personenbezogener Daten und

b) gegen Störungen, auch soweit sie durch äußere Angriffe bedingt sind,

gesichert sind.

Vorkehrungen nach Satz 1 müssen den Stand der Technik berücksichtigen. Eine Maßnahme nach Satz 1 ist insbesondere die Anwendung eines als sicher anerkannten Verschlüsselungsverfahrens.“

Hierbei fallen gleich mehrere unbestimmte Rechtsbegriffe auf, nämlich „technisch möglich“ oder „wirtschaftlich zumutbar“. Was das konkret zu bedeuten hat, steht noch nicht hundertprozentig fest und muss zukünftig durch die Gerichte konkretisiert werden. Fakt ist aber, dass jeder Betreiber einer nicht nur rein privaten Internetseite die eigenen technischen und organisatorischen Maßnahmen (kurz: TOM) noch stärker beachten muss. Zu den TOM gehören ausweislich der Anlage zu § 9 BDSG die folgenden acht Punkte:

- **Zutrittskontrolle**: geeignete Maßnahmen zur Verhinderung des Zutritts unbefugter Personen zu IT-Anlagen, mit denen personenbezogene Daten verarbeitet oder genutzt werden (Schlüsselregelung, sorgfältige Auswahl von Wachpersonal, manuelles oder elektronisches Schließsystem, Sicherheitsschlösser, sorgfältige Auswahl von Reinigungspersonal ...)
- **Zugangskontrolle**: geeignete Maßnahmen zur Verhinderung der Nutzung der IT-Systeme durch unbefugte Personen (Vergabe und Zuordnung von Benutzerrechten, Authentifikation mit Benutzername und Passwort, Verriegelungsvorrichtungen von Computergehäusen, Einsatz von Intrusion-Detection-Systemen bzw. von Antivirensoftware, Einsatz einer Hardware- bzw. Software-Firewall, Zuordnung von Benutzerprofilen, Einsatz von VPN-Technologie ...)
- **Zugriffskontrolle**: geeignete Maßnahmen zur Sicherstellung, dass die zur Benutzung eines IT-Systems berechtigten Personen

ausschließlich auf die ihrer Zugriffsberechtigung unterliegenden Daten zugreifen können und dass personenbezogene Daten bei der Verarbeitung, Nutzung und Speicherung nicht unbefugt gelesen, kopiert, verändert oder entfernt werden können (Bestehen eines Berechtigungskonzepts, Anzahl der Administratoren auf das „Notwendigste" reduziert, Protokollierung von Zugriffen auf Anwendungen, physische Löschung von Datenträgern vor Wiederverwendung, Einsatz von Aktenvernichtern bzw. entsprechenden Dienstleistern, Verwaltung der Rechte durch den Systemadministrator, Bestehen einer Passwortrichtlinie, sichere Aufbewahrung von Datenträgern ...)

- **Weitergabekontrolle**: geeignete Maßnahmen zur Sicherstellung, dass personenbezogene Daten bei der elektronischen Übertragung oder während ihres Transports oder ihrer Speicherung auf Datenträgern nicht unbefugt gelesen, kopiert, verändert oder entfernt werden können, und dass überprüft und festgestellt werden kann, an welcher Stelle eine Übermittlung der personenbezogenen Daten vorgesehen ist (Einrichtung von Standleitungen bzw. VPN-Tunneln, E-Mail-Verschlüsselung, Dokumentation der Empfänger von Daten und der Zeitspannen der geplanten Überlassung bzw. vereinbarter Löschfristen, Weitergabe von Daten in anonymisierter oder pseudonymisierter Form, sichere Transportbehälter bzw. -verpackungen beim physischen Transport ...)
- **Eingabekontrolle**: geeignete Maßnahmen zur Sicherstellung, dass nachträglich überprüft und festgestellt werden kann, ob und von wem die personenbezogenen Daten in IT-Systeme eingegeben, verändert oder entfernt worden sind (Protokollierung der Eingabe, Änderung und Löschung von Daten, Aufbewahrung von Formularen, Applikationsübersicht, Nachvollziehbarkeit von Eingabe, Änderung und Löschung von Daten durch individuelle Benutzernamen, Vergabe von Rechten zur Eingabe, Änderung und Löschung von Daten auf Basis eines Berechtigungskonzepts ...)

- **Auftragskontrolle**: geeignete Maßnahmen zur Sicherstellung, dass personenbezogene Daten, die im Auftrag anderer verarbeitet werden, nur entsprechend den Weisungen des Auftraggebers verarbeitet werden können (Auswahl des Auftragnehmers unter Sorgfaltsgesichtspunkten, schriftliche Weisungen an den Auftragnehmer z. B. durch Vertrag gemäß § 11 BDSG, Vereinbarung wirksamer Kontrollrechte gegenüber dem Auftragnehmer, vorherige Prüfung der beim Auftragnehmer getroffenen Sicherheitsmaßnahmen und entsprechender Dokumentation, Verpflichtung der Mitarbeiter des Auftragnehmers auf das Datengeheimnis gemäß § 5 BDSG, laufende Überprüfung des Auftragnehmers und seiner Tätigkeiten ...)
- **Verfügbarkeitskontrolle**: geeignete Maßnahmen zur Sicherstellung, dass personenbezogene Daten gegen Zerstörung oder Verlust geschützt sind (Feuerlöschgeräte in Serverräumen, Feuer- und Rauchmeldeanlagen, Aufbewahrung von Datensicherung an einem sicheren, ausgelagerten Ort, Geräte zur Überwachung von Temperatur und Feuchtigkeit in Serverräumen, Vorliegen eines Backup- bzw. Recovery-Konzepts, Klimaanlage in Serverräumen, bestehender Notfallplan, Schutzsteckdosenleisten in Serverräumen, Testen von Datenwiederherstellung, unterbrechungsfreie Stromversorgung, Serverräume nicht unterhalb sanitärer Anlagen ...)
- **Trennungsgebot**: geeignete Maßnahmen zur Sicherstellung, dass zu unterschiedlichen Zwecken erhobene Daten getrennt verarbeitet werden können (Berechtigungskonzept, physikalisch getrennte Speicherung auf gesonderten Systemen oder Datenträgern, Festlegung von Datenbankrechten, Trennung von Produktiv- und Testsystem, Verschlüsselung von Datensätzen, Versehen der Datensätze mit Zweckattributen bzw. Datenfeldern ...)

Das IT-Sicherheitsgesetz hat beispielsweise eine Neuerung für den Einsatz von Kontaktformularen oder auch von Nutzerregistrierfunktionen mit sich gebracht. Hier werden in aller Regel personenbezogene Daten übertragen; dies darf inzwischen nur noch verschlüsselt erfolgen. Betroffene Blogger sollten sich also überlegen, entweder das Kontaktformular bzw. die Log-in-Funktionalität nicht länger anzubieten oder auf ihrer Website ein SSL-Zertifikat einzusetzen.

Darüber hinaus ist es wichtiger denn je, das Betriebssystem und Anwendungs- bzw. Serversoftware stets auf dem aktuellen Stand zu halten, also zeitnah mit den verfügbaren Patches und Updates zu versorgen. Der Einsatz von Antivirensoftware ist ohnehin Pflicht.

Ein weiterer, ganz wesentlicher Punkt ist sicherlich auch die Verwendung von sicheren Passworten. Dafür dient die nachfolgende Checkliste als Orientierungshilfe:

- ☑ **Länge**: Möglichst mindestens acht Zeichen (je mehr, desto sicherer)
- ☑ **Komplexität**: Buchstaben, Ziffern und Sonderzeichen verwenden sowie Groß- und Kleinschreibung mischen
- ☑ **Tabus**: Nicht verwendet werden sollten Namen von Familienangehörigen oder Freunden, des Haustieres oder von Lieblingsstars sowie Geburtsdaten, Hobbys, Lieblingsfarbe etc. und allgemeine Begriffe aus Wörterbüchern
- ☑ **Kreativität**: Nutzung von „Eselsbrücken“, z. B. jeweils der Anfangsbuchstabe der einzelnen Worte eines Merksatzes (z. B. wird aus dem Satz „Ich habe alle 8 Bücher von Rechtsanwalt Michael Rohrlich aus dem entwickler.press Verlag“ das Passwort „Iha8BvRMRade.pV“)
- ☑ **Änderungen**: Möglichst regelmäßige Passwortänderungen, z. B. alle drei Monate
- ☑ **Merken**: Passwörter merken und nicht aufschreiben (und wenn doch, dann den Zettel gut verstecken)

- ☑ **Vielfalt**: Verschiedene Passworte für unterschiedliche Einsatzzwecke (also z. B. nicht für Amazon, eBay und den Mail-Account das gleiche Passwort nutzen!)
- ☑ **Individualisierung**: Ersetzen von voreingestellten Passworten durch individuelle
- ☑ **Software**: Nutzung von „Passworttresoren“ (es gibt diverse Tools für PC, Tablet und/oder Smartphone)

Die Einhaltung all dieser Passwortregeln ist natürlich der Idealfall. Ob das für jeden auch immer praxistauglich ist, scheint fraglich.

Achtung: Verstöße gegen die Pflichten aus dem IT-Sicherheitsgesetz bzw. dem TMG können mit einer Geldbuße von bis zu 50 000 Euro geahndet werden. Zudem besteht die Gefahr, dass darin zugleich ein Wettbewerbsverstoß gesehen wird, sodass auch kostenpflichtige Abmahnungen der Konkurrenz bzw. von Verbraucherschutzorganisationen drohen.

KAPITEL 4

Richtig publizieren

Der Content, also die einzelnen Inhalte, sind das „A und O" bei jedem Internetauftritt und insbesondere bei Blogs, Vlogs oder Podcasts. Während „normale" Websites heutzutage oftmals auf das Wesentliche reduziert sind und immer mehr Unternehmenspräsenzen im so genannten „One-Page-Design" gestaltet sind, geht es beim Bloggen hauptsächlich um die Inhalte. Und diese werden im Unterschied zu bloßen Webvisitenkarten auch mit schöner Regelmäßigkeit aktualisiert und ergänzt. Aus juristischer Sicht gibt es dabei zwei ganz entscheidende „Knackpunkte", nämlich das Urheberrecht sowie das Recht am eigenen Bild. Es gibt diverse Feinheiten, auf die beim Umgang mit Texten, Bildern, Videos oder Musikstücken zu achten ist.

4.1 Urheberrecht

Kenntnisse im Urheberrecht sind nicht nur dann wichtig, wenn es um die Verwendung fremder Werke geht. Auch dann, wenn man beispielsweise die eigenen Fotos plötzlich auf fremden Websites wiederfindet oder ein Dritter anfragt, ob er die eigenen Texte nutzen darf, sollte zumindest das grundlegende Know-how vorhanden sein.

Werkarten

Apropos Werke – was ist darunter eigentlich alles zu verstehen? Dazu lohnt einmal mehr der Blick ins Gesetz, nämlich in § 2 Urheberrechtsgesetz (UrhG). Der verrät Folgendes:

„Abs. 1) Zu den geschützten Werken der Literatur, Wissenschaft und Kunst gehören insbesondere: [...]

Abs. 2) Werke im Sinne dieses Gesetzes sind nur persönliche geistige Schöpfungen."

Daraus lässt sich also im Wesentlichen zweierlei entnehmen. Zum einen sind Werke im Sinne des Urheberrechts persönliche geistige Schöpfungen und zum anderen müssen diese aus den Bereichen Literatur, Wissenschaft und Kunst stammen.

Um dies zu konkretisieren, findet sich in § 2 UrhG eine Auflistung der einzelnen Werkarten:

- **Sprachwerke** (z. B. Texte, Reden oder Computerprogramme)
- **Musikwerke** (Songs mit oder auch ohne Gesang)
- **Lichtbildwerke** einschließlich der Werke, die ähnlich wie Lichtbildwerke geschaffen werden (Fotos)
- **Filmwerke** einschließlich der Werke, die ähnlich wie Filmwerke geschaffen werden (Videoaufnahmen)
- pantomimische Werke/**Werke der Tanzkunst** (z. B. Ballettaufführung)
- **Werke der bildenden Künste** einschließlich der Werke der Baukunst und der angewandten Kunst sowie Entwürfe solcher Werke (z. B. Skulpturen)
- **Darstellungen wissenschaftlicher oder technischer Art** (z. B. Zeichnungen, Pläne, Karten, Skizzen, Tabellen und plastische Darstellungen)

Beim Betrieb eines Blogs bzw. in den sozialen Netzwerken dürften in aller Regel nur die ersten vier Punkte, also Texte, Songs, Bilder und Videos, eine maßgebliche Rolle spielen.

Entstehung des Urheberrechts

Im Gegensatz zum angloamerikanischen Raum entsteht hierzulande das Urheberrecht an einem Werk kraft Gesetzes, also durch die Erschaffung des Werks. In dem Moment, in dem die Verkörperung der inneren Gedankenwelt durch eine wahrnehmbare Darstellung erfolgt, entsteht auch das Urheberrecht – konkret gesagt also beim

- **Schreiben** eines Texts,
- **Malen** eines Bilds,
- **Aufnehmen** eines Fotos oder
- **Komponieren bzw. Vertonen** eines Musikstücks.

Es ist folglich keine Eintragung in irgendein Register erforderlich, genauso wenig wie die Anbringung einer technischen Schutzmaßnahme, wie etwa einem Kopierschutz. Das bedeutet im Umkehrschluss, dass man fremde Werke auch dann nicht ungefragt für eigene Zwecke verwenden darf, wenn diese sich technisch ganz einfach übernehmen lassen.

Soweit, so gut – es gibt aber eine Einschränkung dieses Grundsatzes, denn nicht alle Werke unterfallen dem Schutz des Urheberrechts. Dies ist nur dann der Fall, wenn das betreffende Werk eine „ausreichende Schöpfungshöhe" (oder auch „Schaffenshöhe") aufweist. Bloße alltägliche bzw. Routineleistungen erreichen diese Hürde nicht, es muss sich schon um eine persönlich geistige Schöpfung handeln. Bei der Bewertung kommt es also eher auf Qualität, als auf Quantität an. Man darf hier die Erwartungen nicht allzu hoch ansetzen, denn auch die so genannte „kleine Münze" wird prinzipiell vom Schutz des Urheberrechts erfasst. Darunter fallen etwa kurze Gedichte oder Produktbeschreibungen. Letztere allerdings nur dann, wenn sie über die reine Aufzählung der faktisch vorhandenen Produktmerkmale hinausgeht.

Nicht der Inhalt eines Werks, sondern seine individuelle Gestaltung ist durch das Urheberrecht geschützt. Berichte über tatsächliche Geschehensabläufe dürfen also von jedermann gleichermaßen in eigenen Worten wiedergegeben werden. Die unveränderte Übernahme einer fremden Berichterstattung ist dagegen unzulässig. Eine Einschränkung dieses Prinzips besteht hinsichtlich fiktionaler Geschichten, also etwa bei Romanen. Diese dürfen nicht einfach so 1:1 übernommen werden, denn deren Handlung, die agierenden Personen, die Schauplätze etc. können geschützt sein.

Dies alles zeigt sehr deutlich, dass man sich als Nicht-Jurist lieber nicht daran versuchen sollte, im Einzelfall abgrenzen zu wollen, ob ein bestimmtes Werk nun die ausreichende Schöpfungshöhe erreicht oder nicht. Im Zweifelsfall sollte eher davon ausgegangen werden, dass fremde Werke urheberrechtlich geschützt sind.

Fotos stellen gemäß den Vorgaben des UrhG eine Ausnahme dar. Denn unabhängig von ihrer Qualität oder ihres Motivs unterfällt jede Aufnahme dem UrhG-Schutzbereich. Zwar erreichen beispielsweise Schnappschüsse aus dem Urlaub oder von einer Geburtstagsfeier nicht denselben Status wie eine arrangierte Studioaufnahme eines Profis. Dennoch genießen letztlich alle Fotos zumindest den Schutz nach dem Leistungsschutzrecht für Hersteller von Lichtbildern (§ 72 UrhG).

Schranken des Urheberrechts

Der Schutz des Urheberrechts gilt nicht grenzenlos. Es gibt zeitliche, räumliche und inhaltliche Schranken.

Jedes Werk ist bis maximal 70 Jahre nach Tod des Urhebers geschützt (§ 64 UrhG). Für Fotos gilt auch hierbei eine Ausnahmeregelung, denn deren urheberrechtliche Frist endet 50 Jahre nach ihrem erstmaligen Erscheinen bzw. spätestens 50 Jahre nach dem Erstellen (§ 72 Abs. 3 UrhG).

Eine räumliche Begrenzung besteht dadurch, dass hierzulande das UrhG und in anderen Ländern die entsprechenden nationalen Urhebergesetze gelten. Zwar gibt es gerade innerhalb der Europäischen Union viele ähnliche oder gleiche Vorschriften, dennoch hat jeder Staat nach wie vor sein eigenes Urheberrecht.

Interessanter sind sicherlich die verschiedenen Inhaltsschranken. Diese lassen sich noch einmal unterteilen, nämlich in Schranken zugunsten

- der **Allgemeinheit** (z. B. Zitatrecht, Recht auf Privatkopie, vorübergehende Vervielfältigung/Cache)
- der **Medien** (z. B. Abbilden geschützter Werke bei Berichten über Tagesereignisse)
- der **Gerichte** (z. B. Kopien für Gerichtsakten)
- von **Behörden** (z. B. Veröffentlichung von Fahndungsfotos)
- von **Kirchen** (z. B. Veröffentlichung für behinderte Menschen)
- von **Schulen** (z. B. Kopien für Unterrichtszwecke oder Schulfunksendungen)
- von **bestimmten Branchen** (z. B. öffentliche Wiedergabe von TV-Sendungen in Elektronikmärkten, Kopien von Werken in Museumskatalogen)

Die genannten Schrankenregelungen begrenzen also die Rechte von Urhebern zugunsten Dritter. Bei der Nutzung fremder Werke im Internet spielt insbesondere das Zitatrecht eine entscheidende Rolle. Dabei ist zwingend darauf zu achten, dass Zitate immer als Beleg für die eigene Leistung dienen; letztgenannte muss klar im Vordergrund stehen. Außerdem muss das Zitat als solches kenntlich gemacht und eine Quellenangabe hinzugefügt werden. Beispiel:

„Ein Zitat [...] ist eine wörtlich übernommene Stelle aus einem Text oder ein Hinweis auf eine bestimmte Textstelle. Auch andere Medien, wie Bilder und Musik, können als Zitat verwendet werden.“

(Quelle: Wikipedia, 24.03.2016, *https://de.wikipedia.org/wiki/Zitat*)

Mit dem reinen Betrachten fremder Websites im Browser geht, rein technisch betrachtet, zwar auch eine Kopie der einzelnen Elemente einher. Diese Kopie im Browsercache stellt jedoch eine nur temporäre Vervielfältigung dar und ist daher zulässig.

Rechtsposition des Urhebers

Ist das Urheberrecht an einem Werk erst entstanden, kann es nicht auf Dritte übertragen werden – Urheber bleibt Urheber. Mit dessen Tod geht das Urheberrecht auf seine Erben über, diese Rechtsposition ist also nicht übertrag-, aber vererbbar. Übertragen werden kann lediglich das Nutzungsrecht (die so genannte Lizenz) an einem Werk. Die inhaltliche Gestaltung von Lizenzverträgen kann mehr oder weniger umfangreich ausfallen. Es kann sogar so weit gehen, dass der Urheber sein eigenes Werk nur noch eingeschränkt oder gar nicht mehr selbst nutzen darf.

Die Rechte, die dem Urheber zur Seite stehen, können in zwei Gruppen unterteilt werden, nämlich in die Urheberpersönlichkeitsrechte und in die Verwertungsrechte.

Zu den **Urheberpersönlichkeitsrechten** zählen folgende:

- Veröffentlichungsrecht
- Anerkennung der Urheberschaft/Nennung als Urheber
- Unterbindung von Beeinträchtigungen des Werks

Unter den Begriff der **Verwertungsrechte** fallen insbesondere:

- Vervielfältigungsrecht
- Verbreitungsrecht
- Ausstellungsrecht
- Vortrags-, Aufführungs- und Vorführungsrecht
- Recht der öffentlichen Zugänglichmachung
- Senderecht

- Recht der Wiedergabe durch Bild- oder Tonträger
- Recht der Wiedergabe von Funksendungen und von öffentlicher Zugänglichmachung
- Bearbeitungen und Umgestaltungen

Im Onlinealltag besonders wichtig ist die Bearbeitung fremder Werke. Diesbezüglich ist praktisch alles denkbar, von der reinen Inspiration durch fremde Werke über ein „großzügig" angelegtes Zitat bis hin zur vollständigen 1:1-Übernahme. Es gilt letztlich, zwei gesetzliche Regelungen, nämlich die in § 23 UrhG (Bearbeitungen und Umgestaltungen) und § 24 UrhG (Freie Benutzung), voneinander abzugrenzen. Dabei kann die so genannte „Verblassen"-Formel des BGH helfen. Gemessen daran ist von einer unzulässigen Bearbeitung auszugehen, wenn die charakteristischen Züge des Originalwerks noch zu erkennen sind. Deutlicher gesprochen: Je mehr die Originalzüge verblassen, desto eher handelt es sich um eine zulässige („freie") Bearbeitung.

Sofern es zu einer Verletzung der oben erwähnten Rechtspositionen kommt, stehen dem Urheber verschiedene „Waffen" zur Seite, mit denen er sich wehren kann. Das sind insbesondere Ansprüche auf

- Unterlassung
- Auskunft
- Schadensersatz
- gegebenenfalls Schmerzensgeld
- Vernichtung, Rückruf und Überlassung

Diese Ansprüche werden zivilrechtlich in aller Regel per Abmahnung oder mit gerichtlicher Hilfe (einstweilige Verfügung oder Klage) geltend gemacht.

Parallel dazu gibt es im UrhG aber auch Bußgeld- sowie Strafvorschriften (§§ 106–111a UrhG). In Einzelfällen kann also beispielsweise neben dem Anspruch auf Unterlassung und Schadensersatz auch noch eine Geldbuße oder eine strafrechtliche Sanktion (Geld- bzw. Freiheitsstrafe) im Raume stehen.

Zulässiger Inhalt und richtiges Zitieren

Um den Bloggeralltag zu erleichtern folgen nun noch zwei praxisrelevante Checklisten, zum einen bezüglich des zulässigen Contents und zum anderen hinsichtlich der korrekten Umsetzung des Zitatrechts.

Folgende Inhalte dürfen im eigenen Blog bzw. in den sozialen Medien genutzt werden:

- ✔ **selbst geschaffene Inhalte** (die nicht gegen Gesetze verstoßen oder sittenwidrig sind)
- ✔ **fremde Inhalte mit Einwilligung** für den konkreten Verwendungszweck (Print, online und/oder Social Media)
- ✔ Inhalte **ohne ausreichende Schöpfungshöhe**
- ✔ **gemeinfreie Inhalte** (z. B. Urteils- oder Gesetzestexte)
- ✔ **Zitate** (als Beleg für eigene Leistung, mit Kennzeichnung und Quellennachweis)

Nachfolgende Voraussetzungen sind für ein korrektes Zitat zu beachten:

- ☑ **eigene Leistung** muss im Vordergrund stehen
- ☑ **Klein- oder Großzitat**
- ☑ **Kennzeichnung** als Zitat
- ☑ **Quellenangabe** (Onlinequellen mit Datums- und Zeitangabe)

Wenn diese Punkte befolgt werden, können Teile fremder Werke für den eigenen Blog übernommen werden. Im Verhältnis zum Zitat muss die eigene Leistung jedoch im Vordergrund stehen, ein Zitat darf also niemals Selbstzweck sein.

4.2 Recht am eigenen Bild

Fotos gewinnen immer mehr an Bedeutung für alle Arten von Internetauftritten. Das ist grundsätzlich aus gestalterischer Sicht erstrebenswert und aus Besuchersicht sinnvoll – aus juristischer Perspektive allerdings mit Problemen behaftet. Dies gilt jedenfalls für solche Fotografien, auf denen Personen erkennbar abgebildet sind.

Einwilligungsgrundsatz und Ausnahmen

Jeder Mensch hat das Recht am eigenen Bild. Das bedeutet ganz konkret für die Anfertigung von Aufnahmen, dass vorab die Einwilligung der betreffenden Person eingeholt werden muss.

- **Falsch**: Foto schießen und dann die abgelichtete Person fragen, ob das ok war
- **Richtig**: vor Anfertigung der Aufnahme die Person über Sinn und Zweck des geplanten Fotos aufklären, um Erlaubnis bitten und erst dann den Auslöser betätigen

Dabei spielt es keine Rolle, ob es sich um Foto- oder Videoaufnahmen handelt. Es macht auch keinen Unterschied, ob die Aufnahmen für private oder für gewerbliche Zwecke gedacht sind. Ob sie veröffentlicht werden oder nicht, ist ebenfalls nicht ausschlaggebend. Sowohl die Veröffentlichung als auch bereits die Verlinkung eines Personenfotos, das ohne die Zustimmung des bzw. der Abgebildeten entstanden ist oder ins Internet gestellt wurde, stellen jeweils einen kostenpflichtig abmahnbaren Rechtsverstoß dar.

Das Einwilligungserfordernis stellt sich nur dann, wenn eine Person „erkennbar" abgebildet ist. Doch wann ist das der Fall? Eine erkennbare Abbildung liegt dann vor, wenn die Person grundsätzlich identifizierbar ist, also jedenfalls dann, wenn sie direkt in die Kamera schaut. Die Erkennbarkeit kann sich aber auch aufgrund anderer Aspekte ergeben, u. a. aus

- dem **Kontext**,
- anderen **mitabgebildeten Personen**,
- dem **Ort**,
- **Datum** und/oder **Uhrzeit**,
- der **Bildunterschrift** oder
- **sonstigen Umständen** (wie z. B. einer Tätowierung)

ergeben.

Übrigens: Ein nackter Mensch gilt stets als „erkennbar abgebildet".

Gäbe es keine Ausnahmen vom Einwilligungsgrundsatz, dann wäre der Alltag für Fotografen, Kameraleute usw. wohl extrem schwierig zu bewältigen. Glücklicherweise gibt es ein paar Ausnahmeregelungen, bei deren Vorliegen es keiner Zustimmung der abgebildeten Person bedarf. Bei diesen Ausnahmen handelt es sich um die folgenden:

- Bildnisse aus dem Bereich der **Zeitgeschichte** (z. B. Foto eines amtierenden Politikers bei dessen Rede)
- Bilder, auf denen die Personen nur als **Beiwerk** neben einer Landschaft oder sonstigen Örtlichkeit erscheinen (z. B. Fotos von Touristen vor dem Kölner Dom)
- Bilder von **Versammlungen**, Aufzügen und ähnlichen Vorgängen, an denen die dargestellten Personen teilgenommen haben (z. B. Fotos von Teilnehmern bzw. Fans bei Sportveranstaltungen)
- Bildnisse, die nicht auf Bestellung angefertigt sind, sofern die Verbreitung oder Schaustellung einem höheren **Interesse der Kunst** dient (z. B. im Rahmen einer Kunstausstellung)

Da das Vorliegen der genannten Ausnahmesituationen unter Umständen nicht in jedem konkreten Einzelfall eindeutig bewertet werden kann, sollte im Zweifel die Einwilligung eingeholt werden. Ideal sind natürlich schriftliche Erklärungen; eine mündlich erteilte ist aber prinzipiell auch ausreichend. Auf „Nr. Sicher" geht man aber letztlich mit einem Schriftstück, weil diesem ein echter Beweiswert in einem etwaigen Rechtsstreit zukommt. Bei mündlichen Einwilligungen können andere Personen als Zeugen dienen.

Fotos von prominenten Personen

Bei Promifotos gilt ebenfalls eine Einschränkung des Einwilligungsgrundsatzes. Personen des öffentlichen Lebens müssen auch ohne ihre Zustimmung Foto- oder Videoaufnahmen erdulden, wenn sie sich in der Öffentlichkeit bewegen. Denn ihre Rechtsposition wird durch das berechtigte Informationsinteresse der Allgemeinheit eingeschränkt.

Anhand eines „Drei-Stufen-Modells" kann man abschätzen, ob und wann man prominente Persönlichkeiten auch **ohne Zustimmung** ablichten darf:

- **Absolute Personen der Zeitgeschichte** (z. B. Franz Beckenbauer, Angela Merkel oder Helene Fischer): Ablichtung in der Öffentlichkeit zulässig, nur die Privat- bzw. Intimsphäre geschützt
- **Relative Personen der Zeitgeschichte** (z. B. Olympiateilnehmer, Überlebende einer Katastrophe): nur Aufnahmen im Zusammenhang mit dem Ereignis zulässig, durch das sie bekannt geworden sind
- **Normalbürger** (Menschen wie „Du und ich"): Einwilligungsgrundsatz und seine Ausnahmen

Diese Einteilung ist nicht bindend, sondern soll vielmehr als Orientierungshilfe dienen. Es kommt auch bei Promifotos stets auf den individuellen Einzelfall an. Faustregel: Je höher der Bekanntheitsgrad einer Person, desto eher sind Fotos ohne Zustimmung erlaubt.

Ein Sonderfall ergibt sich dann, wenn mit dem Foto eines Prominenten Werbung gemacht werden soll. Sicherlich stellt sich dem einen oder anderen bisweilen die Frage „Wieso dürfen die das?", wenn sie etwa ein Werbeplakat vom Mietwagenunternehmen Sixt sehen. Werbung mit prominenten Gesichtern ohne entsprechende Einwilligung ist unter folgenden Voraussetzungen erlaubt:

- **Grundsatz**: Keine Verwendung von Promifotos zu Werbezwecken ohne ausdrückliche Einwilligung!
- **Ausnahme**: Die kommerzielle Verwendung des Fotos ist ausnahmsweise vom Recht auf Meinungsfreiheit gedeckt, wenn die betreffende Werbung nicht ausschließlich Erwerbszwecken dient, sondern zusätzlich auch noch einen gewissen Informationsgehalt für die Öffentlichkeit aufweist.
- **Einschränkung**: Es darf nicht der Eindruck entstehen, dass sich der abgebildete Prominente mit dem beworbenen Produkt identifiziert.

Wer nach den Begriffen „Werbung" und „Sixt" sucht, der findet verschiedene Beispiele von durchaus gelungenen Werbungen.

Aber letztlich ist die Beurteilung der Praxisfälle nicht immer ganz so einfach. Angesichts des potenziellen Schadens, der durch die unberechtigte Verwendung eines Promifotos entstehen kann, sollte hier Zurückhaltung geübt oder fachmännischer Rechtsrat eingeholt werden.

Fotos von minderjährigen Personen

Besondere Spielregeln gelten auch bei Aufnahmen von minderjährigen Personen – und das völlig zu recht. Denn der Jugendschutz ist an zahlreichen Stellen im Gesetz verankert und das hat auch seine Berechtigung.

Es ist in diesen Fällen zunächst zwischen der Anfertigung und der späteren Verwendung der Aufnahme zu unterscheiden. Minderjährige können selbst ihre Zustimmung zur Anfertigung von Aufnahmen erteilen, denn hierbei handelt es sich nicht um Rechtsgeschäfte, sondern um tatsächliche Vorgänge. Hinsichtlich der Frage, wer in die Verwendung der Fotos einwilligen kann, also der Minderjährige oder seine Erziehungsberechtigten, ist wie folgt zu unterscheiden:

- **unter 14 Jahre**: Hier müssen zwingend die Erziehungsberechtigten entscheiden.
- **zwischen 14 und 18 Jahre**: Hier muss auf die individuelle Einsichtsfähigkeit abgestellt werden, sodass generell auch der Minderjährige selbst entscheiden kann.
- **über 18 Jahre**: Mit Erreichen des 18. Lebensjahres tritt die Geschäftsfähigkeit ein, d. h. die abgebildete Person kann selbst entscheiden.

Auch diese Unterteilung ist nicht „in Stein gemeißelt", sie dient ebenfalls als Orientierungshilfe. Im Zweifel sollte bei Personen im Alter zwischen 14 und 18 die Zustimmung der Erziehungsberechtigten eingeholt werden, bei Personen unter 14 ist dies ohnehin Pflicht.

4.3 Besonderheiten bei der Nutzung von Stock-Fotos

Anbieter von Stock-Fotos, wie etwa Getty Images, Fotolia, Pixelio und noch viele andere, erfreuen sich zunehmender Beliebtheit. Bei ihnen kann man für wenig Geld gutes Bildmaterial für den eigenen Internetauftritt erwerben. Zumeist kann man aus einer riesigen Auswahl aus Fotos, Grafiken und Icons wählen. Die einzelnen Bilder unterliegen unterschiedlichen Lizenzen, je nach Anbieter können die Nutzungsbedingungen etwas variieren.

Die Hauptproblemstelle zeigt sich dann, wenn man die erworbenen Stock-Fotos nicht nur im eigenen Blog, sondern auch in den sozialen Medien nutzen will. Denn in den Nutzungsbestimmungen bzw. Allgemeinen Geschäftsbedingungen der Stock-Fotoanbieter und der Betreiber von sozialen Medien besteht oftmals ein kleiner, aber entscheidender Wertungswiderspruch. Die meisten Stock-Fotolizenzen untersagen die Übertragung von Nutzungsrechten an Dritte. Die Social-Media-Bestimmungen sehen hingegen regelmäßig genau das vor, nämlich die Übertragung der Rechte an allen Inhalten der Nutzer. Die entsprechende Klausel bei Facebook lautet beispielsweise:

„2. Teilen deiner Inhalte und Informationen

Dir gehören alle Inhalte und Informationen, die du auf Facebook postest. Zudem kannst du mithilfe deiner Einstellungen für Privatsphäre und Apps kontrollieren, wie diese geteilt werden. Außerdem gilt:

1. Für Inhalte, die durch Rechte am geistigen Eigentum geschützt sind, wie Fotos und Videos (IP-Inhalte), erteilst du uns ausdrücklich nachfolgende Genehmigung, vorbehaltlich deiner Einstellungen für Privatsphäre und Apps: Du gewährst uns eine nicht-exklusive, übertragbare, unterlizenzierbare, gebührenfreie, weltweite Lizenz für die Nutzung jedweder IP-Inhalte, die du auf bzw. im Zusammenhang mit Facebook postest (IP-Lizenz). Diese IP-Lizenz endet, wenn du deine IP-Inhalte oder dein Konto löschst; es sei denn, deine Inhalte wurden mit anderen geteilt und diese haben die Inhalte nicht gelöscht.“

(Quelle: Facebook, 24.03.2016, ca. 18:10 Uhr, *https://www.facebook.com/terms*)

Kurz gesagt: Facebook-Nutzer übertragen dem sozialen Netzwerk Rechte an ihren Inhalten.

Am Beispiel der Fotolia-Lizenzen lässt sich die dahinterstehende Problematik noch besser verdeutlichen. Sowohl in Bezug auf die Standard- als auch auf die erweiterte Lizenz ist u. a. Folgendes festgelegt:

„3. Einschränkungen

3.1 Allgemeine Einschränkungen. Der Missbrauch der Werke ist untersagt. Mit Ausnahme der ausdrücklichen Genehmigungen in obigem Abschnitt 2 ist Ihnen Folgendes untersagt:

a. Vergabe in Unterlizenz, Verkauf, Abtretung, Überstellung oder Übertragung oder der Versuch der Übertragung Ihrer vertraglichen Rechte."

(Quelle: Fotolia, 24.03.2016, ca. 18:00 Uhr, *https://de.fotolia.com/Info/Agreements/StandardLicense*)

Diese Klausel macht es unmöglich, das erworbene Material in den sozialen Medien zu nutzen, da man ansonsten einen Urheberrechtsverstoß begeht. Die Lage bei anderen Stock-Fotoanbietern sieht nicht anders aus.

Inzwischen wurde allerdings auf das Problem reagiert und es wurden spezielle Social-Media-Lizenzen geschaffen. Bei Fotolia liest sich das so:

„3.3 Nutzung in Social Media. Ein Werk darf nur dann auf Social-Media-Seiten [...] gepostet werden, wenn das Werk als „Social Media Enabled" (für Social Media geeignet) gekennzeichnet ist [...]"

(Quelle: Fotolia, 24.03.2016, ca. 18:00 Uhr, *https://de.fotolia.com/Info/Agreements/StandardLicense*)

Fazit: Augen auf beim Fotokauf!

Alternativ kann man in den sozialen Medien entweder ganz auf Material aus Stock-Fotoarchiven verzichten, spezielle Social-Media-Lizenzen erwerben oder rechtefreie Werke nutzen. Inzwischen haben sich einige Anbieter der Lösung dieses Problems verschrieben, indem sie spezielle Social-Media-Lizenzen anbieten (z. B. ClipDealer) oder komplett frei nutzbare Inhalte bieten (z. B. Pixabay).

Egal, für welchen Weg man sich entscheidet, eine der aufgezeigten Varianten sollte es werden. Denn sonst ärgert man sich unter Umständen doppelt, wenn man extra legales Bildmaterial bei Fotolia, Pixelio & Co. erwirbt, dieses dann aber in den sozialen Medien nicht nutzen darf.

4.4 Besonderheiten bei der Einbindung fremder Inhalte

Neben der Verwendung von eigenem bzw. fremdem Material als fester Bestandteil der eigenen Webpräsenz bieten mittlerweile immer mehr Anbieter die eigenen Inhalte zur Einbindung in fremde Internetauftritte an. So können beispielsweise YouTube-Videos mit wenig Aufwand in die eigene Website eingebunden oder auch die Verbindung zu den sozialen Medien per Social Plug-ins erleichtert werden.

Social Plug-ins

Bei der Verwendung von Social Plug-ins, also etwa den beliebten „Like"-, „Tweet"- oder „Share"-Buttons, ist das „Wie" enorm wichtig. Denn die eigenständige Gestaltung dieser Buttons kann eventuell einen Verstoß gegen die Markenrechte von Facebook, Twitter & Co. darstellen. In der Regel sind die jeweiligen Grafiken, wie der Facebook-Daumen oder der Twitter-Vogel, als Marke eingetragen. Daher legen Facebook und auch alle Mitbewerber die Spielregeln fest, nach denen ihre Marken genutzt werden dürfen. Jeder kann genau nachlesen (z. B. bei Facebook online unter *https://www.facebookbrand.com/*), wie die jeweiligen Bestimmungen sind. Am Beispiel von Facebook sieht das wie folgt aus:

„Verwende das ‚f'-Logo nur als Verweis auf:

- deine Präsenz auf Facebook, z. B. deine Seite, Chronik, Gruppe, Anwendung oder Veranstaltung

- deine Implementierung von Facebook auf deiner Webseite

- die Integration deines Produkts in Facebook, z. B. „Zur Verwendung mit Facebook"

- Inhalt, der von Facebook stammt"

(Quelle: Facebook, 24.03.2016, 18:30 Uhr, *https://www.facebookbrand.com/*)

Diese Anweisungen sind tunlichst zu befolgen. Neben den Nutzungsbestimmungen für die Logos lassen sich die entsprechenden Grafiken hier auch direkt herunterladen. Die Betreiber anderer sozialen Netzwerke stellen vergleichbare Informationen bereit, eine simple Google-Suche fördert die entsprechenden Websites zu Tage.

Urhebernachweis von Stock-Fotos

Bilder von Fotolia, Pixelio oder anderen Anbietern erworben – und was jetzt?! Insbesondere stellt sich schnell die Frage, ob und wie man einen Hinweis auf den jeweiligen Urheber bzw. auf den Verkäufer einbinden muss. Dazu ist schlicht ein Blick in die Nutzungsbestimmungen des betreffenden Stock-Fotoanbieters nötig. Bei Fotolia wird Folgendes vorgegeben:

„Bei Verwendung von Bildern auf Websites oder in Präsentationen sind Quellenangabe und Urhebernennung keine grundsätzliche Pflicht, sie werden jedoch begrüßt. Bei Verwendung im redaktionellen Kontext, z. B. Zeitungs- oder Zeitschriftenartikel, muss eine Nennung von Urheber und Bildquelle dagegen erfolgen.

Bitte verwenden Sie dabei das folgende Format: © Name des Fotografen/Fotolia.com.

Diese Informationen können auf oder neben dem Bild oder auf einer Referenzseite erscheinen.“

(Quelle: Fotolia, 24.03.2016, ca. 19:00 Uhr, *https://de.fotolia.com/Info/Faq/Customers#b06*)

Fotolia erbittet sich also eine Urhebernennung nach folgendem Muster: „© Name des Fotografen/Fotolia.com“. Die Angabe kann in der Nähe des Bilds oder „auf einer Referenzseite“ (z. B. im Impressum) erfolgen.

Der Konkurrent Pixelio regelt die Sache etwas anders:

„8. Urheberbenennung und Quellenangabe

Der Nutzer hat in für die jeweilige Verwendung üblichen Weise und soweit technisch möglich am Bild selbst oder am Seitenende

PIXELIO und den Urheber mit seinem beim Upload des Bildes genannten Fotografennamen bei PIXELIO in folgender Form zu nennen: ‚© Fotografenname/PIXELIO'

Bei Nutzung im Internet oder digitalen Medien muß zudem der Hinweis auf PIXELIO in Form eines Links zu www.pixelio.de erfolgen.

Bei der isolierten Darstellung des Bildes durch direkten Aufruf der Bild-URL ist eine Urheberbenennung nicht erforderlich.“

(Quelle: Pixelio, 24.03.2016, ca. 19:15 Uhr, *http://www.pixelio.de/static/nutzungsbedingungen*)

Nach diesen Vorgaben hat die Urheberkennzeichnung von Pixelio-Material das Format „© Fotografenname/PIXELIO“, wobei „PIXELIO“ als sprechender Link zu gestalten ist, also auf die Pixelio-Homepage zu verweisen hat. Die Platzierung soll „möglichst“ am Bild selbst oder am Seitenende erfolgen; die Leistung der Angaben im Rahmen des Impressums ist ausdrücklich nicht vorgesehen.

Wie diese beiden Beispiele deutlich zeigen, besteht grundsätzlich ein Anspruch auf Urhebernennung, sofern darauf im Einzelfall nicht ausdrücklich verzichtet wird. Allerdings wird die praktische Umsetzung von Anbieter zu Anbieter leider sehr unterschiedlich gehandhabt. Auch hier kann nur der Blick in die jeweiligen Nutzungsbestimmungen dringend empfohlen werden. Es sind in jedem Fall die Vorgaben des Urhebers/Rechteinhabers zu befolgen. Im Zweifel sollte die Platzierung der Urheberkennzeichnung in unmittelbarer Nähe der einzelnen Bilder erfolgen, z. B. als Bildunterschrift. Die Anbringung dieser Information im Bild selbst oder gar im Namen der Bilddatei ist zwar denkbar, in aller Regel aber nicht verpflichtend. In vielen (aber längst nicht in allen) Fällen kann auch die gesammelte Nennung aller Urheber/Rechteinhaber auf einer separaten Seite („Urhebernachweise“) oder im Impressum erfolgen. Leider existieren zu dieser Thematik teilweise sehr unterschiedliche Rechtsauffassungen, die auch schon in einigen Gerichtsentscheidungen Niederschlag gefunden haben.

KAPITEL 5

Werben ohne Rechtsrisiko

Wer Werbung sagt, muss auch Wettbewerbsrecht sagen! Denn im Gesetz gegen den unlauteren Wettbewerb (UWG) finden sich die Vorschriften für ein vernünftiges, zulässiges Verhalten auf dem geschäftlichen Sektor. Vom Schutzbereich des UWG sind nicht nur Unternehmen, sondern auch Verbraucher, also Privatpersonen, umfasst. Das bedeutet, dass beispielsweise ein rechtswidriges Werben mit Selbstverständlichkeiten die davon betroffenen Verbraucher benachteiligt, die sich diesbezüglich etwa an die Verbraucherzentrale wenden können. Zugleich werden dadurch aber auch die Konkurrenzunternehmen betroffen.

Die Grundzüge des Wettbewerbsrechts wurden bereits im Kapitel „Namensfindung" dargestellt, sodass an dieser Stelle zur Vermeidung von Wiederholungen ein Verweis dorthin genügen soll. Nachfolgend wird über die Besonderheiten bei Suchmaschinenoptimierung bzw. -werbung, bei Onlinewerbeanzeigen oder auch im Rahmen von E-Mail-Marketing zu sprechen sein.

5.1 Suchmaschinen und Werbung

So schön das Webdesign auch sein mag, so einmalig die veröffentlichten Inhalte – irgendwie sollten die (potenziellen) Besucher natürlich ihren Weg zum eigenen Internetauftritt finden. Um das zu bewerkstelligen, kann man bestimmte Maßnahmen auf der eigenen Site und auch auf anderen Websites vornehmen.

Die technische Seite

Zunächst gilt es, sich den Aufbau der Suchergebnisse bei Google und Co. näher zu betrachten. Rund um die „normalen“ Suchtreffer gibt es – passend zur jeweiligen Suchanfrage – Werbeanzeigen. Diese werden über, rechts neben bzw. unter den eigentlichen Treffern platziert. Wo und wie viele Anzeigen dargestellt werden, ist von Suchmaschine zu Suchmaschine unterschiedlich. In jedem Fall sind die Werbeanzeigen entsprechend gekennzeichnet, damit sie als solche erkennbar sind. Dazu werden in aller Regel Begriffe, wie „Werbung“ oder „Anzeige“, verwendet. Für diese Werbung bezahlen die werbenden Unternehmen Geld an den Suchmaschinenbetreiber, damit ihre Dienstleistung oder ihre Produkte besser „ins Auge stechen“.

Um den eigenen Blog in den „normalen“ Suchtreffern möglichst gut zu positionieren, kann man verschiedene Maßnahmen ergreifen. Diese lassen sich in zwei Kategorien einteilen, nämlich in die Bereiche Onpage und Offpage.

Zu den Maßnahmen, die jeder im eigenen Blog (Onpage) selbst vornehmen kann, gehören z. B.:

- aussagekräftiger Domainname
- einzigartige Inhalte (so genannter unique content)
- regelmäßige Inhaltsupdates
- suchmaschinenfreundliche Websitestruktur und Hyperlinks
- Optimierung der Suchmaschinenvorschau (so genannte Snippets)
- Optimierung der Ladezeit der Website
- Nutzung der „richtigen“ Keywords

Bei Lichte betrachtet kommt auch der Anzahl an Verlinkungen von fremden Websites auf den eigenen Blog eine große Bedeutung zu. Und damit ist man auch schon bei den Offpage-Maßnahmen gelandet. Zu diesen zählen insbesondere folgende:

- „gute“ externe Links auf die eigene Website
- Erwähnungen in bzw. Links aus sozialen Netzwerken

Was unterscheidet nun „gute“ Links von „schlechten“? Neben der reinen Anzahl sind in erster Linie auch die Qualität sowie die Themenrelevanz von Verlinkungen von entscheidender Bedeutung. Beispiel: Für einen Blog rund um das Thema Gartenpflege ist – jedenfalls aus Sicht von Suchmaschinen – ein Link von einem Blumengroßhandel besser als ein Link, der von einer „Onlinepokerschule“ kommt. Hinzu kommt noch, dass es auch auf die Suchmaschinenbewertung der verlinkenden Site ankommt – je höher diese im Ranking bei Google & Co. steht, desto wertvoller ist der Link für den eigenen Blog. Im Gegensatz dazu können viele „schlechte“ Links, z. B. von Pornowebsites, zu einer schlechteren Einstufung des verlinkten Internetauftritts führen.

Die juristische Seite

Für den Bloggeralltag sind aus juristischem Blickwinkel die so genannten Metatags von Interesse. Dabei handelt es sich um bestimmte Informationen, die nur im Quelltext einer Internetseite vorhanden sind, und daher nicht im Browser auf der eigentlichen Internetseite angezeigt werden. Zu den Metatags zählen u. a.

- Seitenbeschreibung,
- beschreibende Stichwörter (Schlüsselbegriffe, so genannte „Keywords“),
- Name und ggf. Mailadresse des Websiteverantwortlichen und
- sonstige Angaben für Suchmaschinen.

Die Frage, ob ungefragt fremde Unternehmens- oder Markennamen in den Metatags verwendet werden können, ist inzwischen weitgehend geklärt. Allerdings existiert dazu eine Vielzahl an zum Teil recht unterschiedlichen Gerichtsentscheidungen, sodass nach wie vor eine gewisse Unsicherheit besteht.

Die inzwischen vorherrschende Meinung besagt jedoch, dass eine Nutzung fremder Marken- oder anderer geschäftlicher Bezeichnungen in den Metatags regelmäßig als kennzeichenmäßige Nutzung und somit auch als Verstoß gegen das Markenrecht anzusehen ist. Das gilt jedenfalls dann, wenn etwa ein fremder Markenbegriff als Metatag für die Bezeichnung des Websitetitels (das „title-Element") genutzt wird, weil dies zur Angabe der Marke in der Titelleiste des Browsers führt, die für alle Nutzer sichtbar ist. Wird dadurch allerdings keine Zuordnungsverwirrung bzw. Verwechslungsgefahr hervorgerufen, kann eine Markenverletzung verneint werden. In Bezug auf fremde Markenrechte gilt dem Grunde nach nichts anderes.

Gegen die Verwendung von allgemein gültigen Begriffen, den so genannten Gattungsbegriffen, im Rahmen von Metatags ist in aller Regel nichts einzuwenden. Dies gilt selbst dann, wenn die Worte sachfremd sind, also eigentlich nicht zum Bloginhalt passen. Genauso stellt die Nutzung fremder Marken- oder Unternehmensbezeichnungen nicht unbedingt einen Verstoß gegen das Wettbewerbsrecht dar. Auch hier muss zusätzlich eine Irreführung vorliegen.

Auch im Falle von versteckten Inhalten (der so genannte Hidden Content), beispielsweise in Form von weißer Schrift auf weißem Hintergrund, können diese Rechtsgrundsätze herangezogen werden. Zwar wird der versteckte Inhalt nicht von den menschlichen Besuchern der Website wahrgenommen, aber von den künstlichen, also den Suchmaschinen. Wegen der prinzipiellen Vergleichbarkeit von Metatags und Hidden Content liegt auch bei Letzterem in aller Regel dann ein Rechtsverstoß vor, wenn fremde Marken- oder Unternehmensbezeichnungen Verwendung finden, die nichts mit den eigenen Onlineinhalten zu tun haben. Auch durch den Hidden Content darf keine Zuordnungsverwirrung beim Blogbesucher entstehen.

5.2 Werbeanzeigen

Die schöne, bunte Welt im Internet bringt es mit sich, dass es dort neben „klassischer" Werbung, wie z. B. einem Werbetext oder -banner, auch einige neue Werbetechniken und -strategien gibt. Zu den heutzutage typischen Werbeformen zählen u. a.

- Werbebanner,
- Textwerbeanzeigen,
- Text-Bild-Kombinationen,
- Pop-up-Fenster bzw. -Banner,
- Werbevideos,
- In-Text-Werbung (gezielte Platzierung von relevanten Schlüsselbegriffen im Fließtext einer Website) oder auch
- Sponsoring (z. B. Gestaltung einer Website im Layout des Sponsors).

Eines der wohl größten Werbenetzwerke betreibt Google, es gibt z. B. die bezahlten Suchergebnisse „Google AdWords" (Werbeanzeigen rechts neben den eigentlichen Suchtreffern) oder auch die auf der eigenen Internetseite nutzbaren Werbehäppchen („Google AdSense"). Durch die geschickte Gestaltung des Anzeigeninhalts sowie einer guten Auswahl von entsprechenden Schlüsselbegriffen (den so genannten „Keywords") kann effektiv Werbung betrieben werden. Es gibt dabei auch stets die Möglichkeit, bestimmte Suchbegriffe ganz auszuschließen bzw. die selbst gewählten Suchbegriffe auf ähnliche auszuweiten. Die Verwendung von fremden Markennamen oder Geschäftsbezeichnungen ist nicht per se verboten. Dies ist nur dann der Fall, wenn weitere Umstände hinzutreten, z. B. in Form einer bewussten Irreführung. Auch Gattungsbegriffe können prinzipiell im Rahmen der eigenen Werbekampagne genutzt werden, solange es sich nicht um sachfremde Begriffe handelt. Insgesamt kommt es auf die Sicht und Wertung eines objektiven Besuchers der Website bzw. Onlinewerbung an. Insbesondere muss erkennbar sein, ob die betreffende Werbung vom Inhaber des Marken- bzw. Geschäftszeichens oder von einem Dritten stammt. Wird die fremde Marke beispielsweise in der Überschrift der Werbeanzeige positioniert, so ist dies als Rechtsverstoß zu werten.

Die von Google bereitgestellte Funktion „Dynamic Keyword Insertion" sollte nach Möglichkeit ungenutzt bleiben. Denn ansonsten wird automatisch der vom Nutzer eingegebene Suchbegriff in die eigene Werbeanzeige integriert.

5.3 Sponsored Posts

Sicherlich bietet sich dem einen oder anderen Blogbetreiber irgendwann einmal die Möglichkeit, Werbung in seine Site einzubinden. Beliebt bei Bloggern und auch bei werbenden Unternehmen sind hier Werbeformen, die sich möglichst „elegant" in die jeweilige Internetseite integrieren lassen. Dennoch sollte dieser Versuchung widerstanden und jegliche Vermischung des redaktionellen Inhalts mit der Werbung unterlassen werden. Denn im Anhang zu § 3 UWG, der so genannten „schwarzen Liste der 30 Todsünden", findet sich unter Nr. 11 folgende Regelung:

„Unzulässige geschäftliche Handlungen [...] sind

[...]

11. der vom Unternehmer finanzierte Einsatz redaktioneller Inhalte zu Zwecken der Verkaufsförderung, ohne dass sich dieser Zusammenhang aus dem Inhalt oder aus der Art der optischen oder akustischen Darstellung eindeutig ergibt (als Information getarnte Werbung);"

Diese Vorschrift zielt genau auf derartige Fälle von als Information getarnter Werbung ab. Es gilt daher, einen klaren „Trennstrich" zwischen Inhalt und Werbung zu ziehen. Dies kann man gestalterisch auf die unterschiedlichste Art und Weise lösen. Hierbei gibt es von Seiten des Gesetzgebers keine Vorgaben; wichtig ist nur, dass der objektive Durchschnittsbesucher keine Probleme hat zu erkennen, was redaktioneller Inhalt und was Werbung ist.

In die gleiche Richtung zielt § 58 Abs. 1 RStV:

„Werbung muss als solche klar erkennbar und vom übrigen Inhalt der Angebote eindeutig getrennt sein. In der Werbung dürfen keine unterschwelligen Techniken eingesetzt werden."

Es ist daher ratsam, in unmittelbarer Nähe zur Werbung den Begriff „Werbung" oder auch „Anzeige" zu platzieren. Dieser muss selbstverständlich gut erkenn- und auch lesbar sein. Zudem sollte die Gestaltung der Werbung bzw. des eigentlichen Websiteinhalts so gewählt werden, dass unproblematisch zwischen beiden unterschieden werden kann. Ob dies nun durch eine andere Farbe, durch Trennlinien oder in sonstiger Weise passiert, ist nicht so wichtig. Entscheidend ist, dass es getan wird.

Fraglich ist letztlich, was unter „redaktionellem Inhalt" zu verstehen ist. Hierunter sind nicht nur solche Inhalte zu verstehen, die von hauptberuflichen Journalisten verfasst wurden. Der Begriff ist vielmehr weit auszulegen, sodass auch „normale" Blogbeiträge, Berichte, Reportagen etc. umfasst werden. Die Anforderungen an die Inhalte sind ebenfalls nicht besonders hoch.

5.4 E-Mail-Marketing

Werbung per E-Mail spaltet die Nation: Bei Websitebetreibern ist sie als effektive Werbemaßnahme äußerst beliebt, bei „Otto Normalbürgern" sorgt sie regelmäßig für Verärgerung. Weil Werbemails global betrachtet ein derart großes Ausmaß angenommen haben, dass sie inzwischen den Löwenanteil des täglichen E-Mail-Verkehrs ausmachen, hat der deutsche Gesetzgeber klare, strenge Regeln aufgestellt. Der Grundsatz ist eindeutig: Werbung per E-Mail darf nur an denjenigen verschickt werden, der darin zuvor eingewilligt hat. Andernfalls stellt schon der Versand einer einzigen Spam-Mail einen Verstoß gegen das Wettbewerbsrecht dar. Das gilt sowohl für klassische Werbemails wie auch für „harmlose" Newsletter. Auch ein dezent platzierter Werbehinweis auf die eigenen Produkte in so genannten „Autorespondern", die den Absender einer E-Mail mit einem vorformulierten Hinweis darüber informieren, dass der Empfänger gerade abwesend oder aus anderen Gründen nicht erreichbar ist, stellt eine unzulässige Handlung dar.

Werbemittel

Unter „Werbung" wird jede Äußerung verstanden, die bei der Ausübung eines Handels, Gewerbes, Handwerks oder freien Berufs mit dem Ziel, den Absatz von Waren oder die Erbringung von Dienstleistungen zu fördern, getätigt wird. Die Hürde liegt hier allerdings nicht allzu hoch, es werden auch Maßnahmen der mittelbaren Absatzförderung erfasst, wie etwa Imagewerbung oder Sponsoring. Daher können folgende Dinge prinzipiell als (elektronische) Werbung eingestuft werden:

- Pressemitteilungen
- Newsletter
- Imagewerbung
- Sponsoring
- Bewertungsanfragen
- Produktempfehlungen von Dritten („Tell a friend"-Funktion)
- Meinungsumfragen
- Kooperationsanfragen
- Autoresponder-Mail, deren Inhalt über die reine Abwesenheitsnachricht hinausgeht und zumindest mittelbar auf Absatzförderung abzielt
- Textnachrichten in sozialen Netzwerken

Diese Auflistung ist weder wertend noch abschließend, grundsätzlich sind alle Formen elektronischer Werbung ohne vorherige Einwilligung zu unterlassen.

Einwilligung

Die Zustimmung des Empfängers ist zwingend vor Versand der Werbe-E-Mail einzuholen. Der Hinweis, man könne den Newsletter bei Nichtgefallen ja abbestellen, genügt insoweit nicht.

Einwilligungserklärungen sind zeitlich nicht unbegrenzt gültig. So verliert eine Einwilligung ihre Gültigkeit, wenn sie nach etwa anderthalb bis zwei Jahren nicht genutzt wurde, d. h. wenn dem Einwilligenden innerhalb dieser Zeitspanne keine E-Mails zugeschickt wurden.

Einwilligungen dürfen natürlich nicht durch Täuschung, Drohung oder ähnliches Vorgehen eingeholt werden. Es muss vielmehr eine transparente Erläuterung der geplanten Werbe-/Mailinhalte vorliegen, auf deren Grundlage der zukünftige E-Mail-Empfänger eine freiwillige Entscheidung zu treffen in der Lage ist.

Formalitäten

Es spricht nichts dagegen, den Einwilligungstext vorzuformulieren, sodass ihn der potenzielle Empfänger nur noch ankreuzen muss. Idealerweise steht der vorgegebene Text für sich alleine, wird also z. B. nicht zwischen anderen Klauseln in den AGB versteckt. Befindet sich die Einwilligungserklärung doch neben anderen Inhalten, etwa einer Schufa-Klausel, so ist das grundsätzlich zulässig. In diesem Fall muss die Einwilligungserklärung für die E-Mail-Werbung allerdings deutlich hervorgehoben dargestellt werden. Dieser Effekt kann z. B. durch eine andere Schriftfarbe, durch eine Fettformatierung oder eine Umrandung erzielt werden. Hierbei gilt die Faustregel: Je mehr andere Inhalte um die Einwilligungserklärung herum vorhanden sind, desto deutlicher muss die Hervorhebung sein. Ein „Übersehen" muss dadurch so gut wie möglich ausgeschlossen werden.

Die Einwilligung muss darüber hinaus ausdrücklich erteilt werden. Dies gilt zum einen im Hinblick auf das Medium E-Mail bzw. auf den elektronischen Versandweg und zum anderen auf die inhaltliche Aussage. Die Einwilligungserklärung darf also nicht missverständlich formuliert sein. Übrigens: Weder eine eventuell schon bestehende Geschäftsbeziehung noch der Austausch von Visitenkarten oder die Eintragung in die Teilnehmerliste einer Veranstaltung erfüllen das Kriterium „ausdrücklich".

Zudem muss sich die Einwilligung genau auf den E-Mail-Versender beziehen; dieser muss etwa anhand des Namens bzw. der Anschrift identifizierbar sein. Angaben, wie z. B.

„Ja, ich will zukünftig E-Mail-Werbung von der Mustermann GmbH sowie deren Partnerunternehmen erhalten.",

sind daher tabu.

Soll die Mailadresse des Empfängers nicht nur dem einholenden Unternehmen dienen, sondern auch noch Dritten, dann sind die anderen Unternehmen im Einwilligungstext namentlich aufzuführen.

Double-Opt-in-Prinzip

Um im Alltag rechtskonformes E-Mail-Marketing betreiben zu können, muss das so genannte Double-Opt-in-Verfahren zur Anwendung kommen. In dieser Hinsicht kann man sich an folgender Checkliste orientieren:

- ☑ **Abwarten**: Der zukünftige Werbeadressat muss die elektronische Werbung selbst aktiv anfordern, indem er z. B. seine E-Mail-Adresse angibt („Bitte schicken Sie mir Ihren Newsletter an folgende Adresse: ...").

- ☑ **Leere Checkbox**: Die Checkbox im Onlineformular zur Newsletteranmeldung etc. darf nicht vorausgefüllt sein. Eine Aktivierung muss durch den Nutzer selbst erfolgen.
- ☑ **Eingangsbestätigung**: Nach der Anmeldung hat zuallererst der Versand einer Bestätigungsmail zu erfolgen, die einen Aktivierungslink enthalten muss. Durch Anklicken dieses Links kann und muss die angegebene Mailadresse durch den tatsächlichen Inhaber bestätigt werden.
- ☑ **Verifizierung**: Nur dann, wenn die Aktivierung erfolgt ist, darf mit dem Versand der Werbe-E-Mails begonnen werden. Andernfalls ist die betreffende Mailadresse aus dem Verteiler zu entfernen.
- ☑ **Abmeldemöglichkeit**: In jeder Werbe-E-Mail muss ein Text enthalten sein, der den Empfänger darauf hinweist, dass und wie er sich jederzeit kostenfrei wieder abmelden kann.

Zu korrekten Umsetzung des Double-Opt-in-Prinzips sind alle der aufgezählten Punkte zu befolgen.

Ausnahmeregelung

Es gibt eine praktisch sehr bedeutende Ausnahme dieses strengen Double-Opt-in-Prinzips. Sofern die folgenden Voraussetzungen eingehalten werden, kann der Versand von E-Mail-Werbung auch ohne Zustimmung des Empfängers erfolgen. Dies gilt nämlich dann, wenn

- ein Unternehmen **im Zusammenhang mit dem Verkauf einer Ware oder Dienstleistung** vom Kunden dessen E-Mail-Adresse erhalten hat,
- das Unternehmen die E-Mail-Adresse **zur Direktwerbung für eigene ähnliche Waren oder Dienstleistungen** verwendet,
- der Kunde der Verwendung **nicht widerspricht** und

- der Kunde bei Erhebung der Adresse und bei jeder Verwendung klar und deutlich darauf hingewiesen wird, dass er der Verwendung **jederzeit kostenfrei widersprechen** kann.

Eine „Ähnlichkeit" bei Waren oder Dienstleistungen besteht in aller Regel dann, wenn die jeweiligen Waren oder Dienstleistungen generell austauschbar sind bzw. gleichen oder ähnlichen Zwecken dienen. Hierbei ist auch wichtig, dass es sich bei den angeführten Punkten um eine Ausnahmeregelung handelt, die eher zurückhaltend anzuwenden ist.

Nachweis

Versender von Werbe-E-Mails müssen in Streitfällen den Nachweis erbringen können, dass korrekte Einwilligungen der einzelnen Empfänger vorliegen oder – alternativ – dass die Voraussetzungen für die Ausnahme des Double-Opt-in-Prinzips gegeben sind. Es sollte folglich sowohl der Ablauf als auch der vollständige Inhalt jeder einzelnen Einwilligungserklärung archiviert werden. Zu speichernde Daten sind also etwa

- Anfrage bzw. Eintragung des Anmelders inklusive Einwilligungstext
- Inhalt, Datum und Uhrzeit der Bestätigungs-E-Mail inklusive Aktivierungslink
- Bestätigungsmail nach erfolgter Betätigung des Aktivierungslinks (falls vorhanden)

Diese Daten sind jeweils mit dem exakten Zeitpunkt sowie der IP-Adresse abzuspeichern.

Übrigens: Auf die Speicherung sowie die Verarbeitung der genannten Daten ist im Rahmen der Datenschutzerklärung hinzuweisen. Die potenziellen Mailempfänger müssen über die Erhebung und den Umgang mit ihren persönlichen Daten detailliert in Kenntnis gesetzt werden.

KAPITEL 6

Für welche Inhalte hafte ich als Blogger?

Jeder ist für seine Handlungen verantwortlich – das gilt im „normalen" Leben und nichts anderes gilt auch im World Wide Web. Aufgrund der technischen Besonderheiten des Mediums Internet, insbesondere von interaktiven Sites, wie etwa Blogs oder sozialen Netzwerken, besteht im TMG allerdings eine Besonderheit. Es kann unter Umständen dazu kommen, dass man als Blogbetreiber nicht nur für die eigenen, sondern darüber hinaus auch für die Inhalte Dritter Verantwortung übernehmen muss.

6.1 Haftung für Inhalte

Es sind prinzipiell drei Arten von Anbietern von Onlineinhalten zu differenzieren: solche, die nur eigene Inhalte anbieten („Contentprovider"), solche, die eigene und fremde Inhalte anbieten („Serviceprovider") und letztlich solche, die nur die technischen Grundlagen für den Onlinezugang bereitstellen („Accessprovider").

Providerarten

Die Verantwortlichkeit der unterschiedlichen Gruppen zielt in verschiedene Richtungen:

- **Contentprovider**: Haftung für eigene Inhalte nach den allgemeinen Gesetzen (Zivil- und Strafrecht)

- **Serviceprovider**: ebenfalls Haftung nach den allgemeinen Vorschriften für eigene Inhalte, ggf. zusätzliche Haftung für fremde Inhalte
- **Accessprovider**: Haftung nur in wenigen Ausnahmefällen

Als Betreiber eines Blogs bzw. als Inhaber von Profilen in den sozialen Medien zählt man sowohl zu den Contentprovidern als auch zu den Serviceprovidern, je nachdem, ob es sich konkret um die eigenen oder um fremde Inhalte handelt. Die Frage ist letztlich, in welchen Fällen man für Inhalte Dritter haftet. Hierfür kommen im Wesentlichen drei Varianten in Frage:

- das **Zueigenmachen** fremder Inhalte
- das **Provozieren** von Rechtsverstößen
- das **Unterlassen unverzüglichen Handelns** trotz der Kenntnis von rechtswidrigen Inhalten

Ein Zueigenmachen liegt beispielsweise dann vor, wenn man fremde Websites per Inlineframe-Technik („iFrame") einbindet, sodass für Besucher der Eindruck entsteht, es handele sich um eine eigene und nicht um einen bloß „elegant" eingebundene fremde Site. Ebenfalls führt natürlich eine explizite Aussage, wie z. B. „lest Euch das mal durch, das ist genau meine Meinung!", zu einem Zueigenmachen der Inhalte, auf die man dadurch verweist.

Unter einer Provokation von rechtswidrigen Fremdinhalten kann sich wohl jeder leicht etwas vorstellen. Das wäre etwa bei einem Aufruf zum (aktiven) Boykott oder zu Beschimpfungen gegenüber einer anderen Person oder einem Unternehmen der Fall.

Abgesehen davon besteht eine simple Grundregel: Wenn man Kenntnis von rechtswidrigen Inhalten erlangt, muss man diese unverzüglich löschen bzw. sperren. Bei dem Begriff „unverzüglich" handelt es sich um einen juristischen Terminus, der in § 121 Abs. 1 BGB als „ohne schuldhaftes Zögern" definiert ist. Zugegeben, das hilft einem Nicht-Juristen auch nicht unbedingt weiter. Bei Lichte betrachtet bedeutet dies, dass man als Websitebetreiber so schnell wie möglich handeln muss. Ob schnell in jedem Fall schnell genug ist, das muss im Zweifel dann irgendwann ein Gericht entscheiden.

Tatsachen- vs. Meinungsäußerung

Aber wann kommt eigentlich überhaupt eine Haftung in Frage, also was ist unter rechtswidrigen Inhalten zu verstehen?

Generell sind Onlineäußerungen durch die Meinungs- und Pressefreiheit des Grundgesetzes geschützt. Allerdings gibt es hier, wie bei jedem anderen Grundrecht auch, bestimmte Grenzen.

Es muss zwischen der Äußerung von Tatsachen und der von Meinungen unterschieden werden. Das eine ist objektiv, das andere subjektiv geprägt. Eine Tatsachenbehauptung ist zulässig, soweit sie wahr ist. Das bedeutet also, dass nachweisbar falsche Tatsachenbehauptungen als Rechtsverstoß zu werten sind. Eine Meinungsäußerung ist natürlich generell zulässig. Sie finden ihre Schranke jedoch in der so genannten „Schmähkritik"; wieder so ein unbestimmter Rechtsbegriff. Eine Meinungsäußerung wird nicht schon wegen ihrer herabsetzenden Wirkung für Dritte zur Schmähung. Auch eine überzogene oder ausfällige Kritik macht für sich genommen eine Äußerung noch nicht rechtswidrig. Eine herabsetzende Äußerung nimmt vielmehr erst dann den Charakter einer Schmähung an, wenn in ihr nicht mehr die Auseinandersetzung in der Sache, sondern die Diffamierung der Person im Vordergrund steht. So hat es jedenfalls das Bundesverfassungsgericht einmal entschieden.

Es lässt sich also zusammenfassen:

- **Zulässig**: Äußerung wahrer Tatsachen und nicht rein beleidigender Meinungsäußerungen
- **Unzulässig**: Äußerung unwahrer Tatsachen und von Schmähkritik

Im Grunde sagt einem aber auch der gesunde Menschenverstand bzw. das eigene Bauchgefühl, was noch in Ordnung ist und wann man eventuell eine Grenze überschreitet.

Stichproben

Wichtig ist zu betonen, dass keine generelle Vorabprüfpflicht besteht. Blogbetreiber müssen somit also nicht jeden einzelnen Fremdbeitrag vor dessen Veröffentlichung auf etwaige Rechtsverletzungen prüfen. Weil dies faktisch unmöglich wäre, besteht in der Rechtsprechung und der Literatur dahingehend Einigkeit, dass erst eine zeitnahe Reaktion erfolgen muss, sobald man Kenntnis vom Rechtsverstoß erlangt hat. Dennoch kann es unter Umständen sinnvoll sein, (un)regelmäßige Stichproben zu machen und zu überprüfen, ob im eigenen Blog bzw. in den eigenen Social-Media-Profilen noch alles in Ordnung ist oder ob es gegebenenfalls zu dem einen oder anderen Shitstorm etc. gekommen ist.

In manchen Fällen kann es durchaus Sinn ergeben, wenn man eine „virtuelle Hausordnung" aufstellt, indem man z. B. alle Nutzer des eigenen Blogs eine Registrierungspflicht auferlegt, in deren Zuge man die Nutzungsbestimmungen anerkennen lässt. Dadurch schlägt man zwei Fliegen mit einer Klappe, denn man erhält auf diesem Weg die wichtigsten Daten der Nutzer (zumindest deren Namen und/oder die E-Mail-Adresse) und stellt zugleich sicher, dass alle die Hausordnung lesen bzw. akzeptieren können.

Privilegien

Bei der Übernahme von fremden Texten, was unter bestimmten Voraussetzungen möglich ist (Stichwort: Zitat), gilt es bestimmte Privilegien z. B. bei der Wiedergabe einer Pressemitteilung oder amtlichen Meldung zu beachten. Dazu gehören die folgenden:

- **Laienprivileg**: Inhalte von Presseberichten dürfen generell auch ungeprüft übernommen bzw. weitergeleitet werden. Ausgenommen sind lediglich offensichtliche Falschmeldungen.
- **Agenturprivileg**: Vertreter der Presse dürfen Meldungen anerkannter Nachrichtenagenturen, wie etwa DPA oder AP, grundsätzlich ohne zusätzliche Recherche übernehmen. Dennoch müssen Journalisten in jedem Fall die erforderliche journalistische Sorgfalt beachten.
- **Behördenprivileg**: Informationen von amtlichen Stellen, wie z. B. Behörden, gelten prinzipiell als vertrauenswürdig. Sie können folglich ungeprüft übernommen werden.

Ob und wann jemand journalistisch handelt, muss einer konkreten Einzelfallprüfung vorbehalten bleiben.

6.2 Haftung für Links

Im Internet besteht nicht nur eine potenzielle Haftung für eigene und gegebenenfalls für fremde Inhalte, sondern auch für Hyperlinks. Dies gilt natürlich nicht in jedem Fall, es müssen schon bestimmte Voraussetzungen vorliegen. Generell ist es so, dass das Setzen eines Links grundsätzlich zulässig ist, man muss den Betreiber der verlinkten Website also nicht vorher um Erlaubnis bitten. In der Verlinkung von frei zugänglichen Inhalten auf anderen Internetseiten liegt insbesondere keine Verletzung fremden Urheberrechts. Auch die Verwendung von so genannten Deep Links ist zulässig, sodass nicht unbedingt immer auf die Startseite von anderen Webpräsenzen verwiesen werden muss. Wird allerdings auf eine bestimmte Unterseite verwiesen und dadurch eine technische Schutzmaßnahme umgangen, wie beispielsweise die Passwortabfrage für einen geschützten Log-in-Bereich, dann stellt dieser Deep Link einen Rechtsverstoß dar.

Um Inhalte fremder Websites entsprechend zu kennzeichnen und sie sich gerade nicht zu eigen zu machen, ist es ratsam, die internen und die externen Verlinkungen optisch unterschiedlich zu gestalten. Dies kann etwa durch Verwendung zweier unterschiedlicher Link- bzw. Mouse-over-Farben oder ein voran- bzw. nachgestelltes Grafiksymbol erreicht werden. Auch ein separates Linkverzeichnis mit ausschließlich externen Links ist eine mögliche Alternative, im Weballtag aber wohl nicht immer die beste Lösung.

6.3 Abmahnungen

In den Medien liest man ständig nur über die „Schattenseiten" des Rechtsinstruments Abmahnung. Das hat zur Folge, dass man den Eindruck gewinnen könnte, es handele sich dabei um etwas grundsätzlich Negatives – das Gegenteil ist jedoch der Fall. Aber wie so oft wird auch dieses System leider bisweilen für sachfremde Ziele missbraucht.

Was ist eine Abmahnung?

Eine Abmahnung ist eine Aufforderung, eine tatsächliche oder vermutete Rechtsverletzung zu unterlassen. Es handelt sich dabei also um eine gesetzlich vorgesehene Maßnahme zur verbindlichen Klärung von Rechtsstreitigkeiten ohne die Beteiligung eines Gerichts.

Grundsätzlich sind Abmahnungen in den Bereichen

- Arbeitsrecht,
- Wettbewerbsrecht,
- Urheberrecht,
- Datenschutzrecht oder
- Äußerungsrecht

möglich.

In aller Regel, aber nicht zwingend, werden Abmahnschreiben von Rechtsanwälten verfasst. Daraus folgt, dass der Abgemahnte im Falle einer tatsächlich berechtigten Abmahnung auch die dadurch entstehenden Kosten zu tragen hat.

Was ist eine Unterlassungserklärung?

Außerdem liegt der überwiegenden Anzahl aller Abmahnungen eine vorformulierte Unterlassungserklärung bei. Hierbei handelt es sich allerdings nicht um einen zwingend erforderlichen Bestandteil der Abmahnung; prinzipiell kann auch der Abgemahnte selbst eine Unterlassungserklärung formulieren – im Idealfall natürlich mit anwaltlicher Unterstützung. Denn es handelt sich um einen zivilrechtlichen Vertrag, mit dessen Unterzeichnung man unter Umständen gravierende Pflichten eingeht. Dazu muss man auch noch wissen, dass ein solcher Vertrag über immerhin dreißig Jahre seine Gültigkeit behält.

Die Abgabe einer Unterlassungserklärung ist im Falle einer berechtigterweise ausgesprochenen Abmahnung zwingend erforderlich. Denn sonst kann die so genannte Wiederholungsgefahr nicht aus dem Weg geräumt werden. Bleibt diese bestehen, so hat der Abmahnende keine andere Wahl, als den Gang zu Gericht anzutreten, wenn er sein Ziel erreichen will. Und um das zu vermeiden, ist es in vielen (nicht in allen) Fällen ratsam, eine Unterlassungserklärung abzugeben. Ob dies in der vorgegebenen oder in einer abgewandelten Form geschieht, kann nur anhand des individuellen Sachverhalts entschieden werden. Es gibt jedoch generell die Möglichkeit, eine solche Unterlassungserklärung rechtssicher und zugleich für die eine oder die andere Vertragspartei günstig zu formulieren. Folglich ist anwaltlicher Rat immer hilfreich.

Außerdem ist es wichtig, die normalerweise zur Abgabe der Unterlassungserklärung gesetzte Frist einzuhalten. Denn der Abmahnende ist nicht verpflichtet, dann noch eine Nachfrist zu setzen oder „einfach so“ länger zu warten. Er kann gleich nach Fristablauf einen Antrag auf Erlass einer einstweiligen Verfügung stellen oder eine Klage einreichen. Allerdings besteht die Möglichkeit, um eine Fristverlängerung zu bitten. Bei entsprechender Begründung wird dies in aller Regel auch nicht verweigert.

Wie verhalte ich mich als Abgemahnter?

Im „Falle des Falles“ hilft die folgende Checkliste dabei, richtig mit einer etwaigen Abmahnung umzugehen.

- ☑ Ideal ist eine im **Vorfeld** vorgenommene juristische Prüfung z. B. des eigenen Blogs, um die Abmahngefahr zu minimieren.
- ☑ Ist man dennoch Empfänger einer Abmahnung, gilt der **Grundsatz „Ruhe bewahren!“**.
- ☑ Man sollte direkt überprüfen, ob das **vorgeworfene Verhalten** der Wahrheit entspricht.
- ☑ Außerdem sollten das **Eingangsdatum** der Abmahnung sowie die **Frist** notiert werden.
- ☑ Auch die Überprüfung der **Abmahnberechtigung** muss erfolgen. Es gilt herauszufinden, ob es sich also – je nach Abmahngrund – um einen Konkurrenten, einen Urheber bzw. Rechteinhaber oder um eine Verbraucherorganisation handelt.
- ☑ Die gesetzte Frist ist nach Möglichkeit einzuhalten oder im Zweifel um eine **Fristverlängerung** zu bitten.
- ☑ Vom vorgegebenen **Streitwert** (auch als „Gegenstandswert“ bezeichnet“) hängen insbesondere die Anwalts- und ggf. auch später die Gerichtskosten ab. Daher sollte dieser Wert auf seine Angemessenheit fachmännisch geprüft werden.

Nicht jede Abmahnung ist auch berechtigt, in manchen Fällen erfolgen sie sogar rechtsmissbräuchlich. Wenn es Anzeichen dafür gibt, dann sollten diese ebenfalls näher unter die Lupe genommen werden. Folgende Anzeichen können für einen Rechtsmissbrauch sprechen:

- vollkommen **überhöht angesetzter Streitwert**
- Forderung von **nicht erstattungsfähigen Anwaltsgebühren**
- **gleiche Frist** für die Abgabe der Unterlassungserklärung wie für die Erstattung der Abmahnkosten
- Übersendung einer **Vollmachtskopie** anstelle des Originals
- **Anzahl** gleicher oder ähnlicher Abmahnungen (Stichwort: Massenabmahnung)
- Verwendung von **Textbausteinen/Mustertexten** im Abmahnschreiben
- ungewöhnlich gestaltete **Gebührenvereinbarung** zwischen Abmahnendem und seinem Anwalt
- **räumliche Entfernung** zwischen Abmahnendem und seinem Anwalt
- **„Spezialisierung“** des Rechtsanwalts
- Abzielen auf reines **Gebühreninteresse**
- die Wahl des so genannten **„fliegenden Gerichtsstandes**[1]**“**
- **Missverhältnis** zwischen tatsächlichen Umsätzen des Abmahnenden und seinem Kostenrisiko aufgrund der Abmahnungen
- die **Vernachlässigung des Ladengeschäfts** des Abmahnenden
- fragliches bzw. weit ausgelegtes **Wettbewerbsverhältnis**

Wenn etwa der Verdacht aufkommt, man könne Teil einer Massenabmahnung sein, lohnt sich immer ein Blick ins Internet. Wenn man nach dem Namen des Abmahnenden oder auch des

1 Weil Rechtsverletzungen im Internet prinzipiell überall abgerufen werden können, kann folglich auch jedes Gericht in Deutschland örtlich zuständig sein. Weil dies dazu führt, dass sich der Kläger aussuchen kann, wo er seine Klage einreicht, spricht man hier insoweit vom „fliegenden Gerichtsstand“.

betreffenden Rechtsanwalts sucht, wird man sicherlich schnell auf Forenbeiträge o. Ä. stoßen, sofern man nicht der einzige Betroffene ist. Aber Achtung: Allein aufgrund der Tatsache, dass viele gleiche oder ähnliche Abmahnungen im Umlauf sind, kann noch nicht automatisch von einem rechtsmissbräuchlichen Verhalten ausgegangen werden. Es müssen noch andere Umstände hinzutreten.

Daher ist es im Zweifel immer besser, nicht eigenständig mit der Abmahnung umzugehen, sondern sich stattdessen juristischen Beistand zu suchen.

Stichwortverzeichnis

C

D

E

F

G